Un pèlerinage intérieur

Paule Amblard

Un pèlerinage intérieur

Albin Michel

1

J'étais une jeune femme sans histoire. Depuis mes sept ans, la vie s'était retirée doucement de moi sans que personne s'en aperçoive. Ce jour-là, à sept ans, mon corps s'était asséché tout d'un coup. L'eau, signe de vie, s'était échappée de moi comme chez certains nourrissons pris de déshydratation aiguë. Je me souviens de cette journée volée à l'école. Comme à mon habitude, je faisais une de ces petites crises de foie dont j'avais le privilège chez moi. Ma mère m'avait laissée à ma bonne nourrice. Je m'en allai silencieusement dans ses bras douillets.

Le médecin avait tardé. Il arriva, le soir, apportant avec lui le bruit. L'ambulance, la sirène de l'engin qui jouait comme un tambour grinçant. Le balai des blouses blanches, les bras qui me portaient d'un service de l'hôpital à un autre en ôtant à chaque fois mon pyjama, mon seul repère dans cet univers inconnu : ils cherchaient en vain à comprendre comment une enfant déjà grande avait pu se déshydrater. Je ne retrouvai le silence que plus tard dans la nuit, où l'on me déposa enfin dans un lit au milieu d'autres lits. Tout baignait dans l'obscurité de la salle commune, je m'endormis. Alors commencèrent les sept jours les plus importants de mon enfance.

Sept ans, à l'hôpital Bretonneau. Je suis dans une grande pièce commune avec une vingtaine d'enfants malades. Nous sommes d'âges différents, mais nous baignons dans une même tristesse, celle de l'abandon. Les plus petits sont les hurleurs, les plus grands se partagent entre les révoltés que l'on attache dans leurs lits et les résignés. Je suis placée à côté de François. Il ne dit rien, mais il sourit toujours en me regardant. Il est très malade, mais je ne saurai rien à ce sujet. Je vois seulement le liquide jaune que l'on badigeonne dans le bas de son dos avant de le ponctionner à l'aide d'une énorme seringue. Je fais connaissance avec le laid. Les murs grisâtres, les lits en fer blanc à la peinture écaillée, les verres à eau, les cuvettes, les cafards sur les murs, mais ceux-là, je les aime bien parce qu'ils arrivent par surprise pour rompre notre ennui. Tous ces éléments s'entassent dans mon œil. Je les garde en petit tas compact dans un coin de mon cerveau en les couvrant d'un voile. Je suis trop occupée par les êtres humains. Je les sens, je les vois de l'intérieur à présent. Jamais je n'ai eu cette sensation de clarté. Les parents anxieux, mal à l'aise, et la mère bouleversée qui s'efforce de rire, je les radiographie par mes sens aiguisés. Je deviens un vieillard dans un corps d'enfant.

La nuit, je me lève souvent pour trouver le doux, le chaud. Je visite François lorsqu'il est éveillé, je lui montre la lune à travers la fenêtre de l'autre bout de la salle, l'autre bout du monde. Mais le plus souvent je vais trouver la belle dame. Elle ne vient que la nuit. Elle me dit que c'est son service, la nuit. Elle me prend par la main pour me reconduire dans mon lit et ce geste suffit à m'apaiser. Si les autres ne voient en elle qu'une infirmière, je sais, moi, qu'elle est une fée.

Au bout de sept jours, je quitte l'hôpital. Les médecins n'ont pas trouvé les raisons de mon mal. Ils m'ont gardée en observation au cas où. Ce « au cas où » a transformé ma vie. J'ai toujours recherché depuis cette intensité de contact que l'on perçoit dans les situations d'urgence, lorsque nous sommes confrontés à la mort ou à la maladie. Une fois rentrée chez moi, je me suis sentie étrangère. Personne ne semblait s'être aperçu de cette longue barbe de vieillard qui avait poussé lors des jours passés loin de la maison. Depuis, j'ai caché mon âge, j'ai fait semblant d'être petite. J'ai oublié l'expérience. Je me suis endormie comme la belle du conte de

Perrault. Mon corps s'est développé avec mon intellect. J'ai grandi et, pour ne plus penser à l'essentiel, j'ai disparu en accumulant sans cesse des connaissances intellectuelles. Mon cerveau est agile. Il a pris toute la place en moi en me couvrant entièrement sous une chape de savoir. Je suis devenue une morte vivante, jusqu'à cette année-là.

2

C'est une histoire banale d'études. J'étais alors dans une faculté d'art dans des locaux sinistres, peinturlurés de laideur et de crasse. Pas une chose ne fonctionnait sans miracle, sans l'infinie patience de ceux qui s'évertuaient à enseigner le beau malgré cet univers médiocre. Les œuvres baroques de Pontormo éclaboussaient de tons fluorescents les crépis grisâtres des murs. Les tombes égyptiennes, envahies des richesses de la vie, nous disaient l'existence plaisante des morts, alors que nous étions, nous les vivants, résignés à supporter les jours moroses de l'université en buvant un exécrable café. Les cours étaient à l'image des enseignants, passionnants ou fort longs lorsque nos regards commençaient à errer sur les murs de l'ennui.

À cette époque, j'ai l'impression d'être à l'image du ver à soie : une sorte de gangue m'enserrait dont je devais me libérer. L'existence me ballottait au gré de ses flots et les événements étaient vécus avec anxiété. J'observais la vie à la loupe déformante du fameux « J'ai pas de chance ! » ou de son pendant « J'ai de la veine ! ». En attente, incapable de goûter à la richesse des expériences quotidiennes, tout venait de l'extérieur et l'extérieur était souvent ressenti comme une bête féroce prête à bondir à chaque instant sur mon chemin. « Si tu acceptes ton destin, il te conduit. Si tu le refuses, il te traîne », aurait pu dire le philosophe Sénèque.

Je ne sais ce qui me poussa à aller vers le Moyen Âge. Les expressions de ma mère peut-être, qui pour dire beaucoup utilisait « moult » et autre « marri » en place d'« affligé », sans oublier « morbleu » lorsqu'elle voulait être à la mode, l'expression étant plus tardive. Je crois aussi qu'une vieille empreinte de conte de fées courait dans ma tête. Les histoires de princesses se situent souvent à l'époque des châteaux et des hennins. C'était un rêve de gamine de rester dans le temps de l'enfance, dans cette période entre rêve et réalité, ouatée par les histoires lues, celles qui colmatent les déceptions d'un monde que l'on découvre ensuite.

Ce Moyen Âge me suivit, je grandissais. « Thibaud et la belle Aude », récit de mes treize ans écrit avec passion, était peuplé de chevaliers, de brigands et de mauvais sorts. Un professeur de lettres s'était enthousiasmé pour mon texte et s'était attelé à nous transformer en acteurs, décorateurs. Les costumes fabriqués par les parents étaient extraordinaires de fantaisie poétique. Les arbres humains étaient les plus beaux végétaux que j'aie vus depuis et le chevalier en collant de danseuse et chapeau à plume de faisan était le plus drôle des séducteurs. Sa mise en costume dans les vestiaires communs avait toujours beaucoup d'effet. Ma mère eut le rôle délicat de confectionner la robe vert d'eau de la belle Aude, que j'interprétais. Je la revois à sa machine à coudre, s'énervant sur le satin de mauvaise qualité, alors que je lui récitais mon texte, une poésie d'époque au milieu de mes dialogues d'enfant, une idée de mon professeur : « Apprenez-moi, doux ami, s'il est vrai ce que j'ois dire que d'ici la Saint-Rémy devez aller en Empire, en Allemagne bien loin, trois mois ou quatre du moins, hélas que j'aurai mautemps. » À ces moments, je vivais tout autrement le quotidien, une petite flamme entretenait des forces inconnues en moi qui, sans cela, retombaient le plus souvent dans le petit malaise de l'adolescence banale que je vivais sans heurt, en silence.

« Apprenez-moi, doux ami... », j'aimais ce langage noble que les princesses ont à la bouche. Moi aussi j'en deviendrais une ou plus exactement j'en étais une, mais les gens semblaient ne s'en apercevoir que par intermittences. Ces petits trous dans le temps me désespéraient car je redevenais souillon, « pas gentille », « fais tes devoirs », « ne me fais pas perdre mon temps ». L'existence de princesse n'étant pas toujours confortable au XXe siècle, autant retourner à l'époque où j'étais comprise et mieux traitée. C'est ainsi, je crois, sans en être consciente, que, dans mes jeunes années d'adulte et d'étudiante, je retournai au Moyen Âge.

3

L'art de cette époque me parla d'emblée avec enchantement. Je poursuivais alors des études de droit, langage sec mais formateur pour apprendre à travailler vite sans se perdre dans des détails. Les textes de loi ne faisant pas rêver, l'on n'avait aucune envie de baguenauder dans les alinéas, les protocoles, les exceptions.

Dès que je mis le pied dans le domaine « histoire de l'art », je crus être revenue chez moi. Je quittais le formalisme d'une matière où l'on passe son temps à prendre des précautions, soupçonner le voisin, s'inquiéter de ce que l'autre pourrait faire avant même qu'il ne le pense, pour le monde de la poésie et de la transcendance. Les artistes, à travers les siècles, avaient souvent cherché à donner forme à des vérités essentielles. Leur liberté d'expression, leur inspiration touchaient une part de moi qui était endormie. Je retrouvais le Beau.

Dans mes plus anciens souvenirs d'enfant, je suis « hantée » par la beauté des choses. C'est ma quête, mon Graal quotidien. Je ressens encore l'empressement de mes quatre ans lorsque je sautais sur une chaise pour atteindre le plan de travail sur lequel ma mère coupait un concombre. Il y avait dans le cucurbitacée à la peau rugueuse un univers caché qui me fascinait. Le dessin des pépins, la couleur vert tendre de la chair avec son liseré plus foncé lorsqu'on s'approchait de la peau, les gouttelettes affleurant la surface coupée.

La beauté était partout, dans le secret du banal ou de l'exceptionnel. Elle se dissimulait parfois dans un petit détail, une forme, une teinte, un geste, un cheveu, un pétale tombé ; le plaisir consistait pour moi à la trouver. J'étais une collectionneuse d'instants merveilleux qui étaient mon apaisement, mon bonheur solitaire, ceux que je ne partageais pas mais que je recueillais sans pouvoir faire autrement.

Je suis née là où je devais être, j'ai choisi mon terreau, celui où j'ai grandi. Mes parents sont artistes, ils enseignent le dessin. Ma mère met de l'harmonie dans tout son quotidien. Elle a toujours veillé sur un univers ordonné, aux meubles épurés, adoucis par des tons veloutés qui ont baigné mon œil. Mon père est un ancien peintre. Lorsqu'il a lâché ses pinceaux, nous étions quatre enfants dans un appartement trop réduit à son goût pour qu'il puisse continuer de créer tranquillement. Son atelier s'est arrêté de servir, son chevalet n'a plus exposé que le même tableau achevé. La pièce a perdu son possesseur pour devenir « l'atelier ». Un jour les enfants ont investi le lieu jusque-là interdit. Les grands ont fait leurs devoirs sur les tables d'architecte de mon père et les petits ont découvert l'escalade des grandes bibliothèques à échelle qu'il avait bâties pour conserver précieusement ses livres et ses revues d'art. Je crois que j'ai dû faire tomber les livres des centaines de fois avant de m'y intéresser.

On explique souvent le cheminement d'une personne, ses attraits, ses rejets, ses choix de vie, par ses racines familiales. J'ai plutôt l'impression que l'on choisit ses parents selon ses propres besoins et ce que nous devons développer sur la terre. J'ai apporté mon attrait du Beau avec moi. Et j'ai trouvé le bon terrain dans lequel développer cet amour et lui permettre de s'élever.

Aller vers des études d'histoire de l'art, c'était aussi pour moi retrouver ce chemin. Dans un premier temps, je persévérai à cumuler cet enseignement que je découvrais avec celui du droit, malgré mon manque d'intérêt. J'avais pensé limiter ma déception du juridique en allant vers une section plus altruiste de droit international. Mais je déchantai vite, comprenant que le droit est souvent le jouet du pouvoir des grandes puissances. À cela s'ajoutait le cynisme de ceux qui enseignaient avec l'aigreur de leurs années passées à transmettre des codes.

La première chose qui me frappa en alternant les deux formes d'enseignement fut la différence parfaite des comportements professoraux. D'un côté les tribuns qui font de leur intelligence une arme tranchante, de l'autre les déplantés du temps, tellement imprégnés de l'époque qu'ils enseignent qu'ici ils sont toujours déplacés, aussi gauches dans leur époque qu'intuitifs dans celle qu'ils ont choisie pour leur recherche. J'aimais la chaleur de leurs mots et leur étonnement intact alors qu'ils montraient pour la centième fois le même tableau, la même pierre, le même bout de tissu.

Le Moyen Âge ajoutait encore à mon intérêt un aspect spirituel secret transpirant dans ces statues silencieuses, ces arches et ces portes symboliques. Les images peintes si fines et délicates me parlaient aussi mais de loin. Elles murmuraient un petit chant serein et doux que je n'entendais pas. Je voyais simplement leur beauté particulière et c'est ainsi qu'elles m'attirèrent. Mais de leur langage mystérieux je ne percevais que l'ornement. Ainsi en est-il d'un amour et de cette attirance, que l'on met sur le compte de l'apparence, mais qui recèle en réalité une tout autre complexité dont on ne démêle le fil que bien des années après.

Le Moyen Âge s'installait dans mon quotidien d'étudiante avec modestie, et pourtant, en y songeant, les christs romans aux visages paisibles, même pendus à leurs croix, les Vierges aux grands manteaux dans lesquels les foules d'hommes et de femmes s'abritaient, les gargouilles aux gueules terrifiantes, gardiennes des lieux sacrés, et l'étrange vision du Tétramorphe où l'aigle, le taureau, le lion et l'homme entourent le Christ ardent dans une mandorle de feu, toutes ces images me semblaient fantastiques mais naturelles. Je ne m'étonnais pas de les voir.

J'avais à écouter. Laisser le temps faire son œuvre. Les cheminements sont lents, avec des commencements décisifs, des montagnes escaladées qui permettent une autre vision de la vie. La première marche fut décisive car le cours de mon existence changea à partir de ce moment. J'étais une étudiante qui apprenait avec facilité des connaissances historiques extérieures à elle-même. Je devins une chercheuse et toutes mes découvertes éclairèrent ma vie d'un soleil qui était le mien, non un modèle plaqué auquel on se conforme difficilement, mais une rencontre avec ce que l'on est vraiment.

Il y a dans la vie une source intuitive qui nous pousse au-delà de notre raison. On répond à ce que cette force nous dicte sans trop se demander pourquoi. Ce n'est pas une réaction à un événement, pas une pulsion, mais quelque chose de plus enfoui, une certitude des choses qui dure une seconde mais qui transforme votre vie lorsqu'on la suit.

4

Cette année-là, je m'étais engagée plus avant dans l'étude de l'art en mettant le droit à la porte. Sans en prendre conscience, l'armure dans laquelle je m'étais ensevelie était en train de se craqueler. La vie sourdait sous mon apparence intacte. J'avais pris l'habitude de revêtir ces longues jupes sombres aux corsages assortis pour noyer mon corps dans le néant. Malheureusement, mon regard expressif et mes traits réguliers provoquaient des rencontres qui me semblaient envahissantes. J'étais toujours le vieillard de mes sept ans, attendant des autres une intensité de comportement qui est en réalité une vérité d'être. À vingt ans je m'étais résolue à vivre en recluse dans ma petite chambre de jeune fille, loin des fatras superficiels que le monde régurgitait dans un même moule, une même mélasse proposés à chacun. Je m'étais fait une raison d'exister sans vivre jamais. Folie de l'homme, mais que savais-je de la folie du ciel et de son amour ? Rien.

Cette année-là, le destin me sollicita à trois reprises et, sentant mon attrait, la vie s'engouffra en moi et fit craquer mon armure. Je fis trois rencontres insolites dans mon quotidien balisé. Un jeune homme, un homme âgé et un pèlerin. Le premier me fit devenir femme. Il appartient à un jardin secret planté d'arbres centenaires et de jeunes pousses que je ne cesse de découvrir en veillant à le protéger. Le second me guida vers l'âge adulte et le troisième m'entraîna sur la voie de l'Esprit. Grâce à eux je devins une autre, proche de ce noyau que l'on sent parfois dans le lointain de soi, cette petite source vive, si douce que l'on a peur de fondre à son contact, notre cœur humain.

Ils arrivèrent ainsi sans crier gare à un moment où je m'envolais pour un voyage au-delà des mers. En décidant d'un périple en Chine, j'avais répondu à l'impulsion du destin. Le ciel me poussait à faire un petit trou d'air dans l'armure et j'avais répondu présente, provoquant la surprise de ma famille habituée à mon éternelle inertie. La Chine, c'était pour moi revenir à l'enfance rêvée, l'époque où mon goût pour l'ailleurs s'était révélé. À dix ans, je m'étais fait offrir toute la panoplie de la parfaite petite Asiatique. Le kimono rouge vif aux motifs de fleurs et d'enfants mêlés, les chaussures en laque noire surélevées, les chaussettes blanches attachées à la cheville par un anneau doré, avec leurs pouces saillants. Je m'évertuais gauchement à marcher à tous petits pas de long en large dans l'appartement familial, devenu pour l'occasion la plus belle des maisons de thé. Bien des années plus tard, peu avant de partir dans ces lointains, je revenais à moi-même et je rencontrai mon jeune homme.

Il débarqua dans mon univers complexe de petite fille de conte de fées, de vieillard lucide, d'intellectuelle rigoureuse. Comment a-t-il fait pour ne pas sombrer dans ce tohu-bohu ? « L'amour a ses raisons que la raison ne connaît pas. » L'amour est venu par surprise alors que je lisais consciencieusement les *Contes du yin et du yang*. Mon jeune homme s'est approché, il a pris mon ouvrage et l'a lancé négligemment à quelques pas de lui, me faisant remarquer que cela ne l'intéressait pas. Ce geste a été fulgurant, comme un baiser d'éveil. Je suis partie en Chine en souriant avec cette graine d'amour, petite comme le sénevé, qui a prospéré en moi lentement en plantant dans mon cœur de solides racines. « L'amour a ses raisons… » Depuis cette rencontre, tout s'est ouvert mais sans révolution, pour ne pas m'effrayer. La vie est une câline lorsqu'on lui montre que l'on est prêt. Sur le chemin de l'évolution, elle exige sans cesse, se moque de nos souffrances, tout en nous émerveillant.

Cette année-là, je fis une autre rencontre, Jean, le vieil homme. Je me souviens de la première fois, au hasard d'un repas amical, une longue conversation s'était engagée sur la peinture qu'il venait d'offrir à notre hôte. C'était un long rouleau vertical d'art japonais qui représentait un seigneur tenant un nouveau-né dans ses bras. Les couleurs raffinées et l'architecture insolite qui plaçaient le regard du spectateur en hauteur avaient suscité son achat. Il ignorait que le sujet était une réplique du célèbre *Genji monogatari*, un roman japonais du XIe siècle. À cette précision que je lui apportai, Jean avait souri tranquillement en me faisant remarquer que l'aubergine marinée était délicieuse. Je crois bien qu'au cours de ce premier repas, il s'était contenté de garder le silence en s'amusant gaiement des remarques de la table. Pour la première fois de ma vie, le vieil homme assis près de moi dans le calme de sa présence m'avait captée plus sûrement qu'avec les plus beaux discours de la terre. Et, poussée par mon intuition, j'avais demandé à le revoir. Ce fut le début d'une très longue amitié qui dure encore. Une présence qui n'a jamais fait défaut pour m'aider à grandir.

À l'époque, malgré mon bonheur naissant, rien n'était aisé. Le conte de fées n'a pas que des aspects doux et feutrés. Il faut parfois combattre le dragon. Et, en l'occurrence, ce dernier avait pris les traits de ma mère. En voyant partir peu à peu sa fille du giron familial, elle s'était révélée aussi farouche que le pire des cerbères. Il est très douloureux de sentir la violence d'un être que l'on a vu si proche. Posséder n'est pas aimer, jalouser pas plus. La peur du manque fait parfois réagir trop vivement. Nous en avons souffert toutes deux.

Mon père avait laissé dans mon âme d'enfant un terrible vide. Il est difficile quand on ne le souhaite pas d'être « papa ». De ces années passées avec lui, il me reste un sentiment de lourdeur, comme si la présence d'enfants le dérangeait. Mon père était un compliqué charmant, une sorte d'extraterrestre tombé par hasard sur la planète « vie de famille », que ma mère s'évertuait à maintenir dans une logique de tradition. Dès qu'il put s'en échapper, il retourna sur sa planète, laissant dans le cœur de ma mère un profond déséquilibre. Celle qui avait consacré toute son énergie à nous voir grandir avec une image de père conforme à sa conception se retrouvait seule tout d'un coup. Ses enfants avaient grandi ; son époux envolé, cette soudaine liberté qui la laissait face à elle-même lui faisait peur. Et la mort de sa propre mère intervenue quelques mois plus tard n'avait fait qu'exacerber l'abîme qu'elle ressentait avec toute la cruauté que génère le manque. À vingt ans je devins la mère de celle qui m'avait enfantée. On ne laisse pas partir sa mère, on ne laisse pas partir sa fille. Elle s'était attachée à moi comme ces végétaux qui s'accrochent au rocher pour ne pas être emportés par les flots. En réalité, j'étais moins une roche qu'un fragile calcaire qui s'évertuait à flotter dans la grande mer de l'existence. Mais je n'étais plus seule désormais.

Quand je vis Jean chez lui pour la première fois, il exerçait le métier de psychothérapeute. Son allure classique en costume sombre, ses lunettes carrées m'avaient immédiatement fait penser à un médecin. Mais son sourire n'avait pas le caractère glacé que suscite parfois la noble profession. Jean avait le regard de pluie de ces sages indiens dans lequel on aime se plonger. Des yeux intenses, profonds et chauds. Le regard du petit François qui me sourit lorsqu'il va mourir. Lorsque je découvre Jean, je me sens aimée totalement. Il n'y a pas un petit bout de moi qu'il rejette. Mes ombres ne l'effrayent pas. Jamais je n'ai connu une telle relation de partage. Un vieil homme et une jeune femme. Je me mets à lui raconter ce qui m'encombre, mes souffrances d'enfant, mes tiraillements avec ma mère, mon amour naissant que je sens encore fragile. Il m'écoute, je reviens à lui et toujours il répond.

Il manque une troisième rencontre, celle du pèlerin. Celle-ci a lieu dans le contexte de mes études d'histoire de l'art. J'avais abandonné le droit non sans frayeur, ayant troqué la sécurité d'un avenir assuré contre une formation aux débouchés plus incertains. Pour trouver ce que l'on est, on doit savoir parfois faire de la place, quitter une situation qui semble confortable mais ne nous convient pas.

Le Moyen Âge s'imposa peu à peu comme une évidence. Un mémoire de maîtrise exigeait de trouver un sujet. Mais le choix de ce dernier s'avérait une entreprise délicate. Des piles de travaux antérieurs, aux intitulés tous plus complexes les uns que les autres, envahissaient déjà les placards du petit secrétariat de ma section. Que pouvais-je trouver de neuf ? L'image me sauva car elle dicta le titre de ma recherche sans pompe, sans débordements intellectuels faciles et stériles. Dans un livre d'histoire ouvert au hasard, une petite vignette colorée retint mon attention. Elle présentait une miniature avec deux simples femmes. Vêtues de robes bleue et grise, leurs têtes étaient coiffées d'une mentonnière blanche. Elles refaisaient un lit à l'aide d'un long bâton de bois pour tirer sur le drap. Cette image quotidienne, sans château, sans atours, me toucha de manière incompréhensible. J'avais beau regarder, je ne voyais que la naïveté de cette petite peinture sans discerner alors la raison de mon attirance. Le sol de grosse paille vu verticalement formait comme des rayons de ruche d'abeilles et le fond rouge orné de virgules d'or me paraissait de petites mains voulant accrocher le regard. Je revenais toujours à lui et il me renvoyait toujours aux deux personnages souriants et paisibles aux yeux penchés sur leur ouvrage.

5

Je ne cherchais pas plus avant. La miniature, par son simple attrait, avait suffi à me décider. Et c'est ainsi que je dirigeai mes pas vers mon directeur de mémoire.

« Vous désirez faire votre recherche sur *Le Pèlerinage de Vie Humaine,* dites-vous ? » L'homme âgé, sommité de l'art carolingien, regarda avec bienveillance la miniature représentant les deux femmes, curieux de contempler cet art « moderne » du XIVe siècle. On était si éloigné du VIIIe siècle, son époque fétiche dans laquelle il baignait comme un poisson dans l'eau. À propos d'univers marin, il me proposa un sujet à la pointe sur le thème de la sirène. Mais je résistai à l'appel de la dangereuse créature pour celui des deux simples chambrières. Bien m'en prit.

Parlant de mon sujet avec un autre professeur médiéviste, j'appris que le livre du *Pèlerinage de Vie Humaine* était un succès littéraire de l'époque, connu des historiens par le titre et la renommée mais jamais exploré. Un champ vierge s'offrait à moi, tout pouvait commencer, mais une inconnue restait. À part un lit dressé pour s'y coucher, cette histoire contenait-elle quelque intérêt pour que j'y reste un an de ma vie ?

Le manuscrit était conservé à la bibliothèque Sainte-Geneviève de Paris et c'est là où je dirigeai mes pas avec curiosité.

Sur la place du Panthéon, les bâtiments de Sainte-Geneviève se dressent en haut de l'ancienne colline du même nom. Il y avait là auparavant un monastère, à l'endroit de l'actuel lycée Henri IV, dans lequel on conservait déjà des manuscrits. Les origines de l'abbaye sont obscures, mais les historiens ont retrouvé une trace d'un centre d'étude et de culture littéraire dès le IXe siècle. Le fonds actuel de la bibliothèque a recueilli l'ancienne collection monastique. L'austérité du lieu donne une coque de sérieux au travail entrepris ici. La grande salle de lecture met en scène un public hétéroclite de lycéens et d'étudiants affairés à apprendre, à confronter leur savoir, à s'asseoir sur les marches de l'escalier de pierre en refaisant le monde. Fort heureusement, je pratiquai peu l'immense salle solennelle, décorée somptueusement, mais peu commode pour une lectrice empressée de consulter les ouvrages. Le temps de remplir les mille papiers voulus s'ajoutant au temps d'attente parfois très long, l'impatience gagne l'esprit désireux de connaître. Tout ce formalisme exigeant des magasiniers en blouses grises a quelque chose de contraire à la beauté du savoir. Il me fait toujours penser au monde de Kafka. Mais j'en échappai un peu grâce au manuscrit conservé dans une petite annexe appelée « la réserve ». Ici, on retrouve le formel, mais il s'applique à un petit public et pèse donc moins.

Je pénétrai dans une salle au parquet de bois, meublée de longues tables et s'ouvrant sur de larges baies occultées par de lourds rideaux blancs. Pour atteindre le bureau du conservateur, il faut traverser toute la salle en essayant vainement de ne pas faire trop craquer le parquet. Dans la pièce, le silence est de rigueur et l'on entend les mouches voler. Il est d'autant plus difficile dans ces circonstances d'obtenir des renseignements sur ce que l'on cherche. Tout se fait *mezza voce* et la découverte des consignes à suivre tient encore de Kafka. On respecte scrupuleusement chaque étape du labyrinthe administratif, le cerveau anesthésié, car le plus important est d'obtenir ce que l'on souhaite, l'accès au livre. Savoir dans quel grimoire se trouve sa cote, remplir le papier pour l'obtenir, donner sa carte d'identité. Après ces étapes nécessaires, je me dirigeai victorieuse auprès du conservateur, bulletin dûment rempli, tamponné, identifié.

« Vous désirez voir le manuscrit du *Pèlerinage de Vie Humaine* ? » La responsable me tendit le papier d'un air catégorique. Quiconque voulait consulter l'ouvrage devait avoir une raison impérieuse. Un simple mémoire de maîtrise ne semblait pas suffisant pour mettre en mouvement le magasinier attaché à l'ultime fonction de la chaîne, celle d'apporter les livres au lecteur. Le propos de la conservatrice qui, pour l'occasion, s'était mise à parler un ton au-dessus de l'habitude était lié à la précosité de l'ouvrage, « le plus beau manuscrit de la bibliothèque, un livre à ne pas mettre entre toutes les mains », ajouta-t-elle, le visage rougi par l'émotion. Ces remarques de cerbère me saisirent au vif et excitèrent mon appétit de voir.

Alors commença un véritable chemin initiatique, un test d'endurance pour connaître la valeur de mes intentions. De vieux ouvrages datant du début du XXe siècle me furent apportés pour consultation. Il y avait dans cette imposante masse de textes vieillis une allusion, quelques lignes, au mieux une description sommaire des images du manuscrit. Je restai dans ces descriptions dignes d'un clerc de notaire pendant trois mois où chaque jour je me présentai à l'heure d'ouverture de la réserve jusqu'à sa fermeture. Le lien commençait à prendre. Je devenais familière du lieu. Silencieuse, levant parfois la tête au bruit bien compréhensible des novices découvrant les rouages de la salle, remplissant mes formulaires sans oublier jamais aucune mention, une faute très mal tolérée par le magasinier. Je devenais une pièce du mécanisme « réserve », j'étais des leurs. La seule différence était peut-être dans ce sourire que j'affichais, mais personne ici ne s'en formalisait.

Ma vie me semblait coupée en deux. D'un côté, tout mon être se réchauffait. De l'autre, je devais jouer les robots bien huilés dans le labyrinthe de l'austère réserve. Aller en Chine avait été moins étonnant que le voyage que j'entreprenais alors dans le quotidien de Paris. J'étais au Moyen Âge. Le pèlerin pouvait se montrer.

6

À la bibliothèque Sainte-Geneviève, les mois s'égrenèrent lentement à lire consciencieusement des ouvrages érudits, autant d'outils qui allaient me servir par la suite, mais sans prise directe avec le but de ma recherche. J'avais l'impression de tourner autour du livre sans pouvoir l'approcher. Je languissais d'ouvrir enfin ses pages. En attendant, je m'accrochais aux petits progrès que l'on m'accordait. Un jour, je pus accéder au microfilm en noir et blanc contenant l'ensemble des peintures du manuscrit photographié. Cette découverte soulagea quelque temps mon impatience. Je m'approchais du livre.

En contemplant les petites vignettes noirâtres, je discernai tout un monde mystérieux autour d'un personnage présent à chaque peinture. C'était un petit pèlerin, un voyageur du temps en costume. Il portait un manteau descendant jusqu'à ses pieds et une pèlerine lui couvrant les épaules. Je remarquai aussi le long bâton de bois continuellement dans sa main, mais qui étrangement variait de longueur. Combien de temps suis-je restée dans le noir microfilm ? Une éternité à mes yeux. Voir le pèlerin dans la nuit, à travers un support de piètre qualité, ce n'était pas le rencontrer. Il lui manquait la chair que sait faire vivre l'enlumineur. La couleur du sang sous sa peau claire, les ombres grises de ses traits, ses pommettes hautes, les cernes de son regard, la pâleur rose de sa bouche fine, tous ces aspects de vie que je découvris par la suite. Mais à ce moment il y avait comme une vitre dépolie entre lui et moi.

Mon impatience s'ajoutait à une solitude que je ressentais. Chacun autour de moi semblait enfermé dans sa coque. Je sais aujourd'hui que l'extérieur nous renvoie souvent une image de nous-mêmes. Mais à l'époque j'étais plongée dans un trouble d'incompréhension. Ma famille pesait par son absence. Toute cette vie que nous avions partagée à six était-elle si superficielle pour que, m'éloignant de la demeure familiale de quelques kilomètres à peine, le lien soit à ce point distendu ? Comment avais-je pu me tromper à ce point sur le sens de ce dernier ? Le sang ne parlait pas le même langage d'un individu à un autre. Au lieu de quitter mon père et ma mère comme le proclament les premières pages de la Genèse, c'étaient eux qui me quittaient. Si au moins j'avais pu mettre une petite annonce : « Grande enfant de vingt-trois ans abandonnée cherche parents et manuscrit si possible. »

L'évolution demande effort. Pour sortir de moi-même, abandonner mes réflexes salvateurs des premiers temps de l'enfance, ceux qui permettent de se construire, il me fallait appréhender le vide sans avoir peur de celle que j'allais devenir. Il est facile de fuir pour ne pas être confronté à soi-même. L'humain a toujours beaucoup d'imagination pour ne pas s'affronter.

J'ai eu la chance de déprimer doucement, pas la terrible descente qui interdit tout mouvement mais la petite sensation lancinante que nous sommes seuls et incompris, l'avenir bouché. Pourtant, quand je me revois aujourd'hui, j'étais guidée. Le destin me donnait ce que je prenais alors pour une injustice, la solitude.

Celui qui suscitait en moi le plus d'incompréhension était mon ami Jean, qui s'évertuait à l'époque à me rendre consciente du monde dans ses petits aspects quotidiens. Il me disait alors de faire attention aux poignées de porte ! Sentir ma main se poser, être présente dans le geste, il insistait tant sur tous ces petits aspects que j'avais l'impression d'être attardée. Mon ami avait dû oublier que j'étais douée pour les grandes envolées de la pensée. J'avais bâti toute ma personne sur cette capacité et, à la place, il me proposait l'ordinaire.

J'avais à apprendre à oublier cette petite culture dont j'avais revêtu la robe pour dévoiler le reste. Mais à ce moment-là les histoires de porte me déconcertaient. Et pourtant, symboliquement, il y a beaucoup à dire…

En attendant je piétinais devant celle du manuscrit qui semblait fermée à jamais. Je ne sais comment, moi qui suis d'un naturel à me décourager, je fis preuve d'un tel acharnement pour parvenir à mon but. À la bibliothèque Sainte-Geneviève, j'avais décidé de changer ma façon d'être. Au lieu de me fondre dans les murs de cette réserve où ils semblaient m'avoir oubliée, je résolus d'exister tout en respectant leurs règles. Je ne voulais pas créer de révolution, je voulais voir un livre.

Alors je me mis à parler de ma recherche, à raconter l'histoire que j'avais commencé d'entrevoir. Je racontai mon désir et je donnai envie. Je devins une Shéhérazade qui sans cesse recommence à conter pour ne pas mourir le lendemain. Ils tenaient mon sort entre leurs mains, je n'existais plus que pour un manuscrit qui restait toujours dans le secret de leurs rayonnages.

Une des conservatrices, Mme Pollet, étant plus souple d'accès, j'avais entrepris le siège de son bureau. Chaque soir, quelques minutes avant la fermeture, je partageais avec elle l'avancée de mon travail. L'époque du manuscrit était la plus troublée du Moyen Âge et avait d'étranges liens avec celle que nous vivions. De 1358 à 1989, les similitudes du temps jouaient de raccourcis pour le moins étonnants. La guerre d'Irak contre le Koweït faisait trembler le monde, le sida décimait des millions d'êtres, l'humanité était anxieuse, stressée, en quête de sens. Ma conservatrice s'était mise à poser sa tête dans ses mains en me regardant, je continuais.

Le temps du livre était un siècle de terreur où tous les cataclysmes s'abattaient sur la France. Beaucoup voyaient poindre la fin du monde. La guerre qui allait durer cent ans paraissait déjà sans limites. Depuis 1337, en l'espace de vingt ans, elle avait amené avec elle son cortège de pillages, de tueries, de ravages. Les hommes vivaient leur quotidien dans cette incertitude conflictuelle où chaque jour était arraché au danger. Beaucoup, nés pendant le conflit, ne connaissaient que le péril, la fragilité du jour.

Plus destructrice encore, la « grande faucheuse », la peste noire, faisait passer sa faux. En 1348, elle emportait un homme sur trois en France. L'épidémie s'était glissée clandestinement à bord des navires vénitiens de commerce revenant d'Asie centrale, avant de fondre sur l'Europe entière. Élisant un pays, selon les années, elle faisait ployer généreusement sous son joug les populations effarées. Tous les dix ans environ, elle revenait visiter les lieux de ses méfaits avec de violentes poussées, vidant les villes de vingt à quarante pour cent de ses habitants.

Ce mal-là s'infiltrait plus profondément dans les corps et dans les esprits que l'ennemi visible que l'on pouvait combattre. Avec la peste, il fallait se méfier de tout son quotidien, l'eau que l'on buvait, le voisin que l'on saluait, tout devenait suspect. Une grande peur était née de la garce et ce rejeton-là n'en avait pas fini de grandir. Comment vivre dans un tel désastre ? Aurais-je eu la force de résister à cette incroyable pression de terreur ?

À ma question, ma conservatrice avait penché la tête sur le côté. Elle entrait dans l'histoire avec moi. Elle qui me rappelait régulièrement à l'ordre pour ranger mes affaires et sortir du lieu s'était pris d'habitude à me garder quatre minutes de plus, une belle entorse au règlement. Ces quatre minutes accumulées chaque jour me permirent d'avancer à pas de géant dans ma quête du livre. Le XIVe siècle devint le feuilleton du soir de Mme Pollet, sa récréation. Nous étions comme deux sœurs dans un couvent à nous octroyer dans l'univers de silence un moment de parole. Elle demandait pourquoi les périls n'avaient pas de fin. Pourquoi un tel enchaînement se produisait-il ? Cette question n'est pas de la terre. J'étais bien incapable de répondre, mais je continuais de conter l'escalade des malheurs que la France avait endurés.

La guerre et la peste n'étaient plus suffisantes au malheur qui s'abattait, la famine s'était installée de surcroît, due à des pluies incessantes laminant les récoltes. Le blé était perdu, le pain était du domaine du rêve, la famine régnait en maître. Les plus faibles étaient éliminés sans espoir d'en réchapper. Les corps malnutris avaient peu de chances de résister aux attaques du virus. Mais ceux qui restaient en vie malgré tout, enterrant leurs morts, se méfiant de la vie dangereuse, comment faisaient-ils ?

Après les revers militaires de 1346, les nobles s'étaient réfugiés dans leurs châteaux, provoquant la révolte des paysans dont ils oubliaient l'existence. Les mouvements de jacquerie étaient l'écho des profondes critiques que les seigneurs nantis suscitaient. Les chroniques de Jean Froissart, écrivain de l'époque, expriment de façon humoristique toute l'amertume de la population : « Les voilà ces beaux fils qui aiment mieux porter perles et pierreries et plume d'autruche sur leur chapeau que glaive ou lance au poing. Ils ont levé notre argent pour leur vanité sous couleur de guerre. »

Dans les petites cités, les hommes se sentant perdus plongeaient dans des expiations aberrantes comme ces confréries de flagellants qui défilaient dans les rues en se fouettant copieusement. L'homme devait être bien coupable pour endurer tant de malheurs, il fallait payer de soi pour tenter d'enrayer la colère divine qui s'abattait. D'autres accusaient le voisin, un réflexe malheureusement inscrit au cœur de l'humanité pour se répéter tant au cours de l'histoire. Les juifs étaient ainsi soupçonnés d'empoisonner l'eau des fontaines, rien de moins. Certains aussi, en désespoir de cause, se jetaient dans la sorcellerie. Le Diable menant le monde dans la noirceur, autant être disciple du Malin, se soumettre à lui pour vivre. Fin des temps, l'époque était marquée par les images d'Apocalypse des prêcheurs trop heureux de faire courir la peur dans les têtes pour espérer tenir les pauvres gens sous leur coupe de moralité.

Mais nous, nous étions parvenus jusqu'au XXe siècle sans que la terre n'explose. Nous étions là et, le monde ayant progressé dans le raffinement du mal, nous pouvions revivre des tourments bien plus grands. Que pouvait donc contenir *Le Pèlerinage de Vie Humaine* écrit au milieu de l'horreur et de la certitude de la fin des temps ? À quoi pouvaient-ils servir ces visages souriants des miniatures que j'avais vus défiler sur le microfilm, alors que l'urgence était au remède fort ? À cette question, Mme Pollet avait frémi. Mais ce soir-là j'étais désabusée. Quel sens avait ma recherche ? Tout ce travail depuis des mois était vide de sens et ce livre que l'on me cachait était sans doute un roman de distraction destiné à des nobles s'ennuyant dans leurs forteresses confortables.

Je ne sais si mon esprit morose de ce jour d'automne réveilla l'intérêt de la conservatrice. Mme Pollet s'était redressée sur sa chaise et s'était fait un devoir d'employer le « nous ». Nous devions savoir ce que le fameux manuscrit recelait. Si par bonheur il apportait des réponses à l'horreur des temps, il était de notre devoir de nous y intéresser. Ma mission était d'aller regarder ce qu'il en était et de lui en référer. Sans une demande de ma part, Mme Pollet me proposa donc ce soir-là, à ma plus grande surprise, l'accès au manuscrit.

La nouvelle me parut si insolite que je ne savais plus si je devais m'en réjouir. Le soir était tombé, la bibliothèque fermait, je devais patienter jusqu'au lendemain. Quelques heures me séparaient du livre. Ma suspicion à son égard restait mêlée au plaisir de le voir enfin. Ornement ou pas, je le regarderais et, s'il était futile, j'écouterais le chant de la fameuse sirène qui séduisait tant mon professeur d'art carolingien.

7

Le lendemain, dès l'ouverture, je piétinais devant la porte comme une fiancée attendant son premier rendez-vous amoureux. Les quelques formalités pour obtenir l'ouvrage me parurent bien lourdes.

Je voulais voir. Je voulais être un moine du temps, allant chercher le manuscrit dans le rayon de « ma » bibliothèque, je voulais être l'apprentie du peintre qui donnait les dernières touches au livre, je voulais être reine demandant que l'on aille chercher dans mon trésor l'ouvrage désiré. Cette dernière pensée me redonna espoir. *Le Pèlerinage de Vie Humaine* ne pouvait être sans intérêt. Chez les nobles, les livres étaient conservés comme des objets précieux. À l'image de l'or, ils étaient rares et chers. Les posséder était un privilège que partageaient les souverains avec les monastères fortunés. La beauté des manuscrits réclamait du temps. Leur confection demandant parfois une année était confiée à des maîtres. Eux seuls pouvaient par leur art mettre en valeur toutes les subtilités de la pensée.

Mais le joyau de la forme n'était que la coque grossière qui protège le fruit. Le véritable trésor était moins dans l'éclat de la feuille d'or que dans le message transmis. L'émerveillement de l'œil n'était rien en rapport de la lumière donnée à l'âme.

J'avais découvert que le livre n'était jamais anecdotique ou distrayant, moyens illusoires qui nous entraînent un temps loin de nous. Le but, au contraire, était d'approcher au plus près de ce que nous étions dans notre essence profonde. Il y avait un effet thérapeutique de l'écrit. Le livre soignait, guérissait les blessures qui nous habitent tous. Il comblait nos vides intérieurs, aspirait les trop-pleins de nos pensées errantes. Il éclairait. Ainsi, *Le Pèlerinage de Vie Humaine* était « utile » et je brûlais de connaître pourquoi.

Ce manuscrit, je le savais, avait marqué l'époque. Renommé dans toute l'Europe, il était un véritable « best-seller », aussi célèbre que *La Divine Comédie* de Dante. On raconte que le roi de France, Charles V, tenait l'ouvrage dans sa collection personnelle parmi ceux qu'il aimait méditer. L'époque du souverain érudit était exceptionnellement féconde. Inaugurant une ère de mécènes, il était le premier de nos rois à avoir organisé une bibliothèque, une « librairie », dans la tour de la fauconnerie du Louvre. Christine de Pisan, la célèbre poétesse du temps, vantait le « grand amour qu'il avoit de l'étude et des livres ». La France était devenue sous son règne un phare culturel et Paris une sorte de quartier général, attirant « de très subtils faiseurs d'images » grâce à la riche clientèle des princes mécènes. Les pauvres artisans laïcs groupés en ateliers de miniaturistes, depuis la fin du XIIe siècle, étaient désormais des hommes d'importance partageant la charge de « peintres du roi ». Pour les tenir loin du besoin, le souverain avait veillé à leur confier aussi des charges de cour, sergents d'armes ou huissiers de salle du roi, étonnantes à nos yeux en considération de leurs métiers artistiques.

Mais la place brillante occupée par la France et le goût collectionneur du roi ne pouvaient expliquer le succès phénoménal du manuscrit. À une époque dépourvue d'ondes électromagnétiques, la nouvelle, qui met une poignée de secondes pour être transmise aujourd'hui, demandait des jours voire des mois pour se propager. Le fameux livre avait dû être copié un grand nombre de fois par les scribes des ateliers et des monastères pour connaître un tel succès ! Pendant que ces pensées tournaient dans ma tête, le magasinier déposa l'ouvrage sur le pupitre de ma table.

Je reçus de ma conservatrice les dernières recommandations. Il fallait ne pas tenir de stylo à plume ou à bille près de moi. Seul le crayon noir était autorisé pour prendre des notes. Les pages devaient être prises par leurs deux extrémités en soulevant délicatement l'ensemble pour faire les « tournes ». Ce cérémonial me plut énormément parce que chaque jour, grâce à lui, j'entrais dans une autre dimension, celle du livre-trésor.

Le premier contact avec le manuscrit fut sa reliure de veau râpée. Sa couverture était si épaisse qu'elle formait comme un rempart autour des pages. Je fus prise de peur devant cette vieille enveloppe. Si le livre était à son image, tout défraîchi ?

Je restai un instant sans remarquer l'œil vigilant de Mme Pollet qui au loin, de son bureau, veillait. Quand je croisai son regard, je crus voir un sourire esquissé pour dire sa compréhension de mon hésitation. Nous avions, elle et moi, une question de la plus haute importance à résoudre. Il en allait de la fin du monde et peut-être du nôtre. Et le livre que je tardais d'ouvrir était le plus somptueux ouvrage qu'elle possédait. Tout cela pesait d'un tel poids sur les épaules de Mme Pollet qu'elle en ressentait la lourdeur sur les miennes. Bien malgré moi, je crois que ma timidité devant le précieux manuscrit lui inspira confiance, car elle me laissa par la suite une absolue liberté dans la consultation du chef-d'œuvre. J'ouvris le livre.

La page en parchemin craqua et je pus découvrir les premières lignes écrites en gothique. C'était deux courtes phrases seules et sans ornement, deux lignes noires dans la vaste page blanche. Le livre mesurait près de cinquante centimètres de haut sur trente centimètres de large. Dans cette immensité immaculée, ces deux petites phrases apparaissaient comme les notes inachevées d'une partition musicale. Cette austérité me dérouta car j'attendais de voir les couleurs du manuscrit depuis de très longs mois. Ainsi, je devais encore éprouver ma patience pour accéder aux images. Je me concentrai sur le noir de la lettre. L'écriture gothique me parut d'emblée assez facilement identifiable. J'avais eu le temps au cours des longs mois passés de ma recherche à me familiariser avec la graphie du XIVe siècle. Heureusement, la langue vernaculaire était employée couramment à l'époque en place du latin, ce qui facilitait mes perspectives de traduction. De ce point de vue, je ne serais pas dépaysée par la langue. Les belles lettres carrées aux traits pointus comme des ogives étaient clairement reconnaissables. Dans un premier temps, je m'attachai aux lettres sans lire les phrases. Puis, je commençai à déchiffrer ce qui était inscrit.

La courte citation de deux lignes devait être importante pour que l'auteur lui consacre autant de place. Elle devait remercier un donateur, père de l'Église ou grand de ce monde. Mais en lisant chaque mot à la suite, je fus saisie. Jamais aucun auteur, que ce soit le meilleur des romanciers à suspense, ne m'a autant étonnée par la suite. Il y avait écrit :

« Lecteur, fais attention,
toi qui vas lire ce livre.
À la fin de l'ouvrage,
tu ne seras plus le même. »

Mme Pollet me sourit. Comment allais-je lui raconter qu'elle possédait ici un bien étrange récit, un ouvrage magique ou prophétique ? Je savais par nos entretiens du soir que la connaissance du contenu des livres n'entrait pas dans ses attributions. Mais elle me laissait une bien grande responsabilité. J'étais seule face au manuscrit, libre de continuer ou non puisque l'auteur avait la gentillesse de me prévenir que lire n'était pas une activité anodine mais qu'elle pouvait changer ma vie. Je décidai de plonger dans le livre. Sautant dans le vide, je tournai la page.

8

Pour continuer ma lecture je devais respecter tout un protocole que tous ceux qui approchaient de mon pupitre avaient pris soin de me rappeler, le magasinier comme l'indispensable Mme Pollet. Prendre soin d'ôter le long boudin en tissu contenant les petits plombs propres à tenir la lourde page du manuscrit ouvert, pincer entre ses doigts les deux bouts de la page avant de la tourner. Le geste nécessitait de se lever pour atteindre le pupitre sur lequel le livre reposait. Se mettre debout, entendre la page du parchemin craquer, reposer le boudin de plombs au milieu des deux feuilles. Ces gestes rendent le livre précieux, ils font prendre conscience que nous sommes face à un objet vivant.

Il y a un corps du manuscrit. Ses pages constituées de centaines de peaux de chèvre ou de mouton, poncées maintes fois afin qu'elles deviennent lisses et forment des feuilles, expliquent peut-être cette sensation particulière. Le papier issu du végétal est d'un contact plus froid et plus abstrait en comparaison de la « chair animale » d'un parchemin.

Cette longue gestuelle de la tourne me ramena un temps à notre époque et à Mme Pollet. Me voyant bouger, elle me surveillait comme le lait sur le feu. Un faux mouvement sur le plus beau chef-d'œuvre de la bibliothèque aurait été un drame dans la vie de la réserve et de sa gardienne. Mais tout rentra dans l'ordre dès qu'elle me vit assise à nouveau.

J'oubliai notre époque et la conservatrice. À la vue de la nouvelle page, j'entrai dans le monde enluminé. Étrangement, mon regard ne fut pas attiré d'emblée par la splendeur des images colorées. Elles me semblaient des faisceaux de lumières clignotant dans le lointain. La calligraphie retenait toute mon attention. La lettre gothique était épaisse, chargée d'une encre d'un noir profond. Cette obscurité me sembla une protection, une approche philosophique du trait. Que pouvait receler cette ombre qui retenait mes yeux ? J'avais la sensation d'un chaos primordial prêt à recevoir la vie. Les lettres sombres étaient scellées. Je sentais bien que le simple déchiffrage du texte n'était pas suffisant mais qu'il fallait décrypter un sens plus caché, aller au-delà de ce voile de nuit. « Je suis noire et pourtant belle, dit la bien-aimée du Cantique des cantiques. Ne prenez pas garde à mon teint basané : c'est le soleil qui m'a brûlée. » Lorsque je lis cette phrase, je repense toujours à cette calligraphie gothique qui contient dans son encre la lumière de la connaissance. Je ne savais pas alors quel chemin intérieur il me faudrait parcourir. Pour comprendre, il me fallait plonger dans le noir de la lettre. C'était comme une descente en soi-même, dans ses profondeurs, ses secrets les plus enfouis. Si je n'étais pas prête à faire ce voyage, je resterais en dehors de l'énigme du livre.

L'écrit sombre, très présent dans la page, était mis en valeur par l'éclat des miniatures. C'est vers elles que mes yeux se tournèrent. Leurs couleurs brillaient de tous leurs feux sur la page blanchâtre du manuscrit. Les verts d'eau, les roses aux mille nuances, l'infinité des gris, les rouges vifs et les bleus aux reflets verts ou bruns suivant la profondeur que l'on donne au ton, j'avais ouvert un coffret empli de pierres précieuses. La beauté des enluminures s'offrait comme un premier jour toujours renouvelé. Cette merveille qui s'ouvrait à moi dans sa fraîcheur intacte m'avait emplie d'une profonde émotion. Je me disais que quelqu'un avait dû remettre une couche de peinture sur tout le livre pour que les couleurs scintillent autant après six cents ans !

Je ne sais combien de temps mon éblouissement dura, mais il m'empêcha dans un premier temps de regarder mieux ce que l'image racontait. C'est dans la contemplation de cette découverte du beau que le voyageur se fit connaître.

La silhouette du héros en habit de pèlerin s'imposa à mon regard. Il tenait à la main un long bâton d'or orné de trois pommeaux. Son petit sourire en coin me disait : « Allons-y. » J'avais la curieuse impression d'être regardée par le personnage comme lorsque, enfant, je croyais que les speakerines du petit écran nous voyaient. Pourtant ce n'était pas moi qui partais dans l'aventure, mais lui ! Je n'étais là que pour l'observer, analyser ses gestes, faire un bon mémoire de maîtrise. Le petit héros avait sauté dans l'histoire de Vie Humaine de la même façon qu'il s'était présenté à moi. Il avait surgi dans le rêve de l'auteur du livre, le moine Guillaume, et depuis il vivait, répétant le chemin avec chaque lecteur.

Sur la première image, le moine était étendu sur un immense lit recouvert de rouge ardent. Il m'encouragea par les premiers mots de son récit : « Tout ce que tu vois écris-le. » Il était donc comme son pèlerin, il m'entraînait dans l'aventure. Cela avait l'air si simple, mais l'acte de voir est un long chemin. Le voyage commença pour moi et je commençai à écrire tout ce que je percevais.

Cette histoire est bien trop importante pour la garder secrète. Elle concerne chacun, je suis juste le lien entre le moine et vous qui à présent entrez dans *Le Pèlerinage de Vie Humaine*. Tous les petits secrets et les grands, les sourires du pèlerin et chacun de ses pas, je vous les donne pour votre usage car chaque pas du voyageur, s'il devient le vôtre, sera une clef de vie. Souvent au cours de ma lecture, j'ai arrêté le voyage pour reprendre souffle. Les images si singulières demandaient parfois tant d'efforts pour démêler l'écheveau de leur sens ! La simplicité apparente cache un langage complexe qu'il faut savoir capter. Dans ces périodes d'aridité, j'appris à laisser faire en écoutant. Je remarquai que l'ouïe est un formidable moyen de connaître le message des peintures. « Si tu veux voir, écoute d'abord, l'audition est un degré vers la vision » : cette phrase de saint Bernard m'a toujours suivie au cours de ma recherche. Faire silence devint un mode d'approche pour comprendre avec plus de force ce qui m'était donné. Ces petites images parlent à un aspect de nous qui est le plus secret, le plus éblouissant. Comme les icônes d'Orient, elles agissent, dévoilant un endroit apaisé et lumineux inconnu de nous-mêmes, notre être profond. Cette ouverture est un chemin vers le réel. Il point en nous sans que nous puissions le retenir. Il nous déborde et nous échappe.

Quand, au bout du désert et du silence, la lumière jaillissait de l'image, je comprenais le message. J'étais prise d'une telle joie que je marchais de nouveau avec entrain dans le récit qui me menait. « Voir » devint ma vie.

9

« Tout ce que tu vois, écris-le » : ce fut la première parole du moine Guillaume et je lui obéissais. Le voyageur sur la deuxième image était déjà tout préparé, manteau sur les épaules et chapeau sur la tête. Il s'impatientait. « Je suis prêt, quand partons-nous ? » Mais avant de le suivre je devais prendre le temps des commencements. Mon regard ignora le petit héros de l'histoire qui me faisait signe et se concentra sur la première image représentant le moine.

Il reposait sous un baldaquin tout drapé de rouge vif, d'une couleur semblable à la couverture de son lit qui généreusement retombait sur un sol doré. Quel sens avait donc tout ce luxe digne d'un roi chez un moine qui avait fait vœu de pauvreté ? Guillaume était prieur du monastère de Chaalis, une abbaye non loin de Senlis, fondée au XIIe siècle par le jeune ordre cistercien. Les moines blancs, comme on les appelait en raison de l'absence de teinture sur leurs bures, étaient réputés pour leur vie dépouillée. Si le lieu était riche avec ses trois cloîtres et sa bibliothèque, ses habitants étaient volontairement plongés dans le dénuement. Que voulait montrer cette peinture d'un lit éclatant de rouge comme un feu allumé ? Pour agacer un peu plus mon regard, le miniaturiste avait pris soin d'appuyer la tête du moine sur un oreiller moelleux dont on apercevait trois pompons dorés qui formaient au-dessus de sa tête une sorte d'auréole. Décidément on était dans l'irréalité la plus absolue. Les cisterciens couchaient sur de simples paillasses et le seul confort que les moines pouvaient espérer était l'agrément d'une simple couverture. Le miniaturiste nous donnait de la vie monastique une image trompeuse. Ma recherche commençait bien ! J'allais passer des mois à traduire une histoire sans réalité.

Mon irritation était à son comble lorsque je quittai les murs de Sainte-Geneviève et elle n'était pas retombée lorsque je passai voir mon ami Jean. Bien m'en prit ce jour-là car il m'ouvrit une piste par une réflexion me concernant. « Ton trouble vient de ton jugement. Si tu juges, tu ne verras le monde que par le filtre de ta critique. Au lieu de tout réduire à ton petit univers, si tu regardais comme si tu étais une page blanche ? Cherche par là et n'oublie pas que le geste engage. »

J'avoue qu'à cet instant, je ne compris pas ce que Jean me disait. Je n'avais pas besoin de chercher, j'avais déjà trouvé, ne l'entendait-il pas ? Pourtant, lorsque le lendemain je retrouvai le manuscrit à la même page, quelque chose en moi se déplaça. Au lieu de me servir de tout le savoir que j'avais accumulé, j'oubliai mes certitudes. Je devins ignorante. Je perdis mes réflexes du regard, ceux qui nous conduisent à passer à côté. J'appris à ralentir la captation des yeux, afin de ne plus prendre mais d'accueillir. Ma recherche pouvait commencer. Pour ne pas perdre un détail de ce que recelait l'image, je me mis à la dessiner. Et je fis ainsi par la suite pour chacune des cent quatre miniatures du manuscrit. Cette méthode fut salutaire pour rompre les habitudes de mon œil. De cette façon, j'ai retrouvé le geste du peintre et l'esprit qui a guidé sa main.

Dans une image du Moyen Âge tout a un sens, chaque expression du visage ou du corps, chaque couleur, l'ornement du décor, la place d'un objet, une petite touffe d'herbe. Ce fut ma première découverte. La peinture était un écheveau dont je devais dérouler le fil. En cet instant, j'étais devenue Thésée s'apprêtant à s'engouffrer dans le labyrinthe, mais personne ne pouvait jouer le rôle d'Ariane, celle qui l'aide à se retrouver grâce à son long fil démêlé, et surtout pas Mme Pollet.

Je restai devant la vision du moine couché. Sa tête posée dans la paume ouverte de sa main, avec ses yeux mi-clos, me faisait penser à l'attitude du *Penseur* de Rodin. Mais au lieu du visage d'un homme tourmenté par l'activité cérébrale, celui du religieux rayonnait. En cherchant dans les ouvrages anciens, j'avais découvert l'importance du geste. Dans les images du Moyen Âge, il est comparable à un langage de sourd-muet. Il manifeste les sentiments intérieurs d'une personne, ses pensées. Ces codes gestuels étaient compris par tous les hommes du temps, mais nous en avions oublié le sens. La civilisation médiévale n'était pas celle de l'écrit, réservé alors à une élite. Mais le geste, à tous niveaux de la société, disait, engageait. On se liait par contrat par une attitude du corps. Les chansons de geste et le théâtre des mystères transmettaient leur enseignement par le mouvement des jongleurs et des interprètes. Sans le savoir certaines coutumes d'aujourd'hui nous viennent de ce langage perdu, tel se découvrir la tête ou retirer son gant pour saluer. Le mouvement était signe et il prenait chez les religieux une dimension insoupçonnée. Je découvris ainsi une véritable langue élaborée par les moines. Une très vieille liste datant du XIe siècle transmet la signification d'une centaine de gestes, véritable vocabulaire désignant des objets, des personnes, des actions et même des notions abstraites. Le pouce et deux doigts glissant sur la mâchoire dit le bien. Les mains enserrant la tête comme les serres d'un rapace saisissant une proie évoquent le mal. Ignorer, voir, laver, nier, au cours des siècles, les listes monastiques n'avaient cessé de croître en s'enrichissant de centaines de signes. Certains auteurs s'en inquiétaient, jugeant l'usage excessif qui remettait en cause la règle du silence. L'indignation d'un Giraud de Cambrie en 1180 prête à sourire lorsque le religieux évoque avec dépit la « conversation » animée que les moines tiennent avec leurs doigts.

C'est cette valeur symbolique des gestes que les images du manuscrit donnaient à voir. Ainsi les peintures parlaient. Dès la première image, l'attitude du moine Guillaume exprimait une idée que tout lecteur comprenait. Mais que me disait-il, à moi aujourd'hui, du haut de son grand lit ? J'avais beau regarder, je le voyais dormant comme un bienheureux, voilà tout. Cette explication par trop sommaire ne me contentait pas. Je sentais bien que le geste révélait autre chose de plus profond. Quel était le véritable endormi de l'histoire, le moine ou moi ? J'avais l'impression désagréable de lourdeur, d'épaisseur. Ma pensée ne m'était d'aucun secours. Elle m'enlisait.

Ce jour-là je crois bien que le pèlerin vint me chercher. Mon regard, inconsciemment, était revenu à lui. « Tu es lente à venir. Tu as ouvert la première page, tu ne peux reculer. Entre dans le rêve, tu le dois », me dit-il. Par quel étrange sort pouvais-je ainsi entendre un être de papier ? J'appelai la conservatrice, qui vint aussitôt, craignant pour la survie de son précieux manuscrit. Devant l'image du pèlerin que je m'évertuais à lui faire écouter, elle me répondit, avec son sens de la mesure habituelle, qu'il ne fallait pas m'inquiéter du léger effacement de la miniature : un acte imprudent de quelque lecteur du temps passé avait endommagé quelque peu le chef-d'œuvre. Mme Pollet n'entendait pas. Pendant que je la remerciais, elle me fit remarquer que ces actes barbares étaient ceux d'une époque révolue, un mauvais rêve en somme. Je m'éveillais. Grâce à mon pèlerin et à ma chère conservatrice, je venais de trouver. Le texte du manuscrit évoquant le songe de Guillaume me confirma le geste que j'avais eu tant de mal à décoder. Le moine étendu sur son lit, les yeux mi-clos, la tête posée dans sa main, était en train de dormir ou plus exactement de rêver.

Je me concentrai sur le rêve. Pourquoi le précieux manuscrit mettait-il celui-ci au cœur de sa première image ? Était-il si important de « dormir, rêver peut-être », comme le dit William Shakespeare ?

Depuis mon enfance, je suis une rêveuse. Petite, je m'échappais. Adolescente, je découvrais avec passion les écrits des surréalistes décrivant le rêve comme une activité primordiale. Je m'évertuais à garder la position propre à déclencher les songes. Couchée sur le dos, le pied droit reposant sur le gauche, comme ils le recommandaient, afin de plonger dans l'univers onirique.

Le moine Guillaume n'était pas un adolescent, il n'avait pas besoin de fuir dans cet ailleurs que l'on aime tant alors. Pourquoi rêvait-il et à quoi ? Pendant des jours, je me mis à chercher auprès des historiens, des romans de l'époque, des mœurs du Moyen Âge, tout ce que représentait le rêve. Je pensais rêve, je mangeais rêve, je rêvais rêve. Mme Pollet, qui m'interrogeait un soir sur cette fin des temps dont le livre était la clef, était désenchantée. « L'histoire du moine n'est donc qu'un rêve », avait-elle dit, dépitée. Mais lorsque je lui expliquai qu'au Moyen Âge, il était aussi réel que le visible, la flamme dans ses yeux s'était ranimée. J'avais recommencé à lui conter.

Le rêve au Moyen Âge n'était pas une activité mineure. Nos siècles de vieille morale rigide puis de « modernité » ont érigé la performance de l'activité en bien absolu. Nous avons oublié le rêve, nous avons perdu la clef d'or de nos songes. Et pourtant la Bible fait du rêve le meilleur moyen de communication entre le divin et nous ! Dans la Genèse, Jacob endormi voit les anges descendre sur la terre. Et Yahvé parlant à Moïse dans le Livre des Nombres lui dit : « S'il y a un prophète parmi vous […] c'est dans un songe que je lui parle. »

Le manuscrit contenait un message céleste. Mme Pollet était enthousiasmée. Elle venait de troquer sa perspective de fin du monde pour une lettre du ciel, son manuscrit était un vrai trésor !

J'étais moi-même enchantée de ma découverte. Depuis, j'ai rencontré maintes fois cette attitude typique du songe, dans le geste des statues d'église et des personnages des peintures médiévales. Elle prévient l'observateur de l'importance de ce qui est conté qui n'est pas de la terre. Tous les romans du temps me confirmaient la place du songe et son importance. Dans la chanson de Roland, le roi Charles était averti dans un rêve d'un danger imminent. Et dans le conte du Graal, Perceval partait à la recherche d'un sage ermite afin qu'il lui révèle la clef du sien. On pouvait entreprendre un long voyage pour un rêve ! Moi, je n'avais qu'à lire le manuscrit.

Le lit rouge qui m'avait tellement agacée n'était pas un défaut mais une alerte donnée par le miniaturiste, un magnifique écrin autour du geste. Sa couleur renforçait encore le sens symbolique. J'avais noté au cours de ma recherche comme chaque teinte est un code. Au Moyen Âge, cet aspect faisait partie de la vie quotidienne, on portait une couleur avant un vêtement. Celle-ci relevait d'une alchimie dont un célèbre moine de l'époque nommé Théophile avait livré quelques secrets. Le noir se fabriquait avec des sarments de vigne ou d'autres bois carbonisés, le blanc avec du plomb ou des os d'animaux brûlés, le rouge venait du soufre et du vif-argent, le jaune naissait de la terre nommée orpiment, de l'herbe à foulon ou du safran, le bleu était tiré du tournesol comme le violet, et le vert de l'iris ou d'une petite prune qui pousse dans les haies des vignes.

La couleur n'était pas un moyen décoratif mais faisait partie d'un langage exprimant le monde transcendant. J'avais pris soin de noter quelle signification était associée à chaque teinte pour m'y référer. Ce que je ne soupçonnais pas était cette impression d'ordre que les coloris offraient, donnée par le sens qu'ils révèlent. Sur cette première image du manuscrit, l'artiste n'avait pu mettre une autre teinte que le rouge éclatant. Celle-ci était une alerte nous incitant à la vigilance. Le rouge était le signe de la force vitale, celui de l'amour jusqu'au sacrifice. Dans les icônes chrétiennes d'Orient, les peintures d'Occident, il occupait une large place : la tunique de Jésus qui va mourir pour l'homme, le vêtement des martyrs, le manteau de l'archange Michel et le corps des anges séraphins qui sont dits en hébreu les « brûlants ».

Le rouge était signe de la vie de l'Esprit dans toute son énergie. Le moine Guillaume reposait sur un lit de feu qui rayonnait de l'ardeur spirituelle. Et cette puissance de vie était destinée à tous ceux qui voulaient bien entrer dans le livre.

Devant le personnage, un grand miroir hors de proportion aussi large que la vision qu'il donnait reflétait une vaste cité fortifiée. À côté de cette vision, le moine apparaissait de nouveau à un pupitre d'où il enseignait toute une foule bigarrée de nobles seigneurs, de belles dames, de paysans, de rois. En dégageant un à un les multiples symboles de la miniature, je devenais aussi un messager. L'aventure pouvait continuer. Mes yeux retournèrent au pèlerin et je le suivis à la troisième image.

Un être apparut devant une forteresse. Le pèlerin sourit. Avait-il remarqué la stature de géant de l'homme face à lui et l'immense lance qu'il portait au côté dont la lame était grosse comme sa tête ? Rien dans cette apparence ne sembla l'inquiéter. Il me pressa pour s'approcher de l'étrange créature en faisant de grands signes d'une incompréhensible satisfaction. « Holà ! lui dit-il sans s'effrayer de sa propre petitesse à mesure qu'il s'approchait d'elle. Voilà donc la belle cité où je dois aller. » Mes yeux ne quittait pas l'être immense et je pus voir avec soulagement les ailes qui le désignent comme spirituel.

Anges des crèches de Noël aux ailes de coton, angelots des boîtes à fromage crémeux. Dans le souvenir de chacun, il y a un ange. Le mien a deux visages, celui que lui a donné Léonard de Vinci et l'autre, un angelot en bois doré, une tête ailée de chérubin au visage rond que les peintres italiens aiment à représenter par grappes. Ma mère me le rapporta d'un voyage à Bruges. Il m'a toujours accompagnée.

L'ange de Vinci, dont je possédais la reproduction sur un petit tableau, est le plus marquant. Avec son visage fin, féminin et paisible, il sait tout de mes tourments d'enfant. J'avais près de six ans, un âge où la ferveur religieuse m'habitait. À l'époque, le rituel des églises exerçait sur moi une fascination. Les gestes des vieilles femmes, lors de la messe, plus démonstratifs que ceux des plus jeunes, avaient ma faveur. Je m'évertuais alors à les répéter, tombant à genoux sur le prie-Dieu pour suivre leur exemple, au grand désespoir de ma mère qui me faisait relever l'air embarrassé. Dans la maison familiale je me revois chaque soir devant le tableau de l'ange. Agenouillée, je levais les yeux vers lui pour dire ma prière. D'où me venait cette habitude alors que personne chez moi ne l'avait suscitée ? Ma mère était bien soucieuse de ne pas créer cette obligation dont elle avait souffert chez elle, et j'avais compris que mon père était dans ce domaine un original. Je ne l'ai jamais vu mettre le pied à la messe et pourtant il adorait les églises. Pendant nos vacances, malgré nos jeunes années et nos préférences affichées pour les bains de mer et les jeux de sable, il nous a toujours entraînés voir les vieilles pierres des sanctuaires. Lorsque, petite, je m'inquiétais un jour de le voir finir en enfer, selon une terrible prédiction de ma grand-mère maternelle, il me fit remarquer qu'il n'était pas catholique, comme l'aurait souhaité sa chère Marguerite, mais panthéiste. Cette expression incompréhensible avait néanmoins apaisé mes craintes d'enfant. Ce nom de « panthéiste » était si mystérieux et si beau qu'il devait suffire aux yeux du bon Dieu. En attendant, tous ceux qui partagèrent ma chambre, mon jeune frère comme ma sœur aînée, étaient associés au rituel de ma prière. Lorsque je retourne chez ma mère aujourd'hui et que j'aperçois mon tableau de l'ange, j'ai toujours un sourire envoyé à l'enfant que j'étais.

À la bibliothèque Sainte-Geneviève, je restais longuement dans la contemplation de l'ange enluminé. Mes pensées se bousculaient. Ses ailes m'ouvraient à l'universel. La plupart des grandes civilisations du monde avaient utilisé le même signe et je m'émerveillais de constater la permanence de certains symboles. Dans les traditions d'Égypte, de Mésopotamie comme chez les juifs, les chrétiens ou les musulmans, les oiseaux et leurs ailes étaient un symbole de l'esprit. L'ibis à aigrette des Égyptiens ou le faucon à tête humaine représentaient le principe immortel céleste, le *bâ*. En Mésopotamie, l'âme du mort était figurée par un oiseau. Dans la Bible, les ailes sont un symbole constant du monde spirituel : « Qui me donnera des ailes comme à la colombe que je m'envole et me pose ? », « Tu me protégeras à l'ombre de tes ailes », chantent les Psaumes. Pour les mystiques chrétiens, Dieu est ailé et l'âme humaine est à son image. Posséder l'attribut, c'était accéder au spirituel.

Le Moyen Âge avait utilisé le symbole tellement abondamment que les historiens décrivaient l'époque comme celle d'un combat de plumes entre ailes blanches et ailes noires, anges et démons. Le célèbre traité *Hiérarchie céleste* du Pseudo-Denys, un mystique du VIe siècle, s'était répandu parmi les lettrés comme dans toute la population. Chacun savait que les anges sont messagers. Et l'on racontait qu'ils ont cette faculté de glisser du ciel à la terre en un clignement de cils. Leur substance étant de feu, ils brillent et brûlent au contact du divin. Les théologiens du Moyen Âge enseignaient que leur apparence humaine n'est qu'un leurre, le moyen de se montrer à nous. Qui peut dire sinon qu'il verrait ce que cachent les flammes !

L'ange gardien de la forteresse était conforme aux représentations habituelles, sa longue aube blanche, son auréole, la blondeur de sa chevelure. Pourtant quelque chose de singulier, un détail insolite qui ne retenait pas le premier regard, m'alerta. Je m'étais focalisée sur sa lance, j'avais oublié l'essentiel, ses ailes vertes. Cette teinte n'était pas un hasard, je le savais. En me plongeant à nouveau dans la lecture du moine Théophile, je découvris que le vert représentait l'éveil de la vie. Lié au printemps, il était le signe d'un renouveau. Dans les icônes d'Orient, c'était la marque des prophètes, un symbole de régénération spirituelle. L'expression « les vertes espérances » avait donc un sens !

L'ange tenait la paume de sa main ouverte à l'approche du voyageur, un geste d'accueil. Ce symbole m'était heureusement familier. C'était le geste de Jean lorsqu'il me voyait arriver chez lui avec mes « mains mortes ». L'air froid de l'hiver avait le pouvoir de me glacer tant et si bien que mon sang n'arrivait plus jusqu'au bout de mes doigts. Mon vieil ami avait pris l'habitude d'ouvrir sa large paume pour réchauffer mes doigts de marbre blanc. « Le sang c'est la vie, m'avait-il dit. Si tu laissais la vie circuler librement en toi au lieu d'avoir peur ? Nous avons tous des angoisses qui forment des ombres. Tu dois en prendre conscience pour les sublimer.

– Comment faire ? avais-je aussitôt répliqué.

– Tu dois penser en termes de vie, remplace l'ombre par de la lumière et celle-ci disparaît. » Il avait ajouté : « Regarde la plante qui cherche la clarté, tu dois être comme une plante. » Devant mon air las, Jean m'avait donné son regard de pluie, celui qui m'apaise parce qu'il est plus qu'un regard, un océan.

La paume ouverte de l'ange était aussi généreuse que celle de mon ami. L'image devenait claire, mais j'ignorais encore qu'elle résonnait d'une présence. C'est ce que j'appris à ce moment. Parcourant les lignes gothiques du manuscrit puis revenant à la peinture, j'entendis un murmure lent et fort comme les roulis des vagues. Elles venaient mourir dans un souffle tendre, presque plaintif. C'était la voix de l'ange messager. « Voyageur, ici ne peuvent entrer que ceux qui possèdent la clef. – Où vais-je la chercher ? » s'impatienta le pèlerin, pendant que j'observais plus avant la forteresse.

Que pouvait-il y avoir dans le lieu de si extraordinaire ? Il était fait de pierres vertes, la couleur des ailes de l'ange. Elles rappelaient le même symbole de régénérescence. Comment une architecture pouvait être une renaissance ? Je ne comprenais pas le voyageur, je ne comprenais pas le peintre, j'étais perdue dans le labyrinthe.

J'essayais de me concentrer sur le fortin. Le plus étrange était la façon dont le miniaturiste l'avait représenté. Les tours et les créneaux semblaient à hauteur d'homme. C'était un château fort d'enfant. Plus étonnant encore, il ne possédait pas de porte pour y pénétrer. L'entrée existait mais se trouvait à l'intérieur ! L'architecte devait être le pire compagnon de l'époque. Tout cela n'avait aucun sens. Le héros ne semblait pas s'être aperçu de cette infirmité du lieu auquel il semblait aspirer. « Mon plus fort désir, disait-il, est d'entrer ici. C'est l'objet de mon voyage. J'ai peu marché, il est vrai. Mais j'ai eu cette chance de trouver la belle cité presque aussitôt. Tant mieux pour moi. Laisse-moi entrer pour que je puisse connaître la vie de plein bonheur et la beauté sans fin des jours et des nuits. » La forteresse était donc une sorte de paradis ? Le soir était arrivé, la page du manuscrit sous la lumière trop jaune de la bibliothèque s'assombrissait. Je remis ma recherche au lendemain.

La rue, comme chaque jour après des heures passées dans le silence, me sautait au visage avec son bruit et son mouvement. Pourtant je ne pensais qu'à mon pèlerin. La « vie de plein bonheur », moi aussi je voulais y goûter. Était-ce possible ? Mon père, un jour, m'avait désespérée, me disant avec sa conviction habituelle que personne d'intelligent ne pouvait être heureux, le monde étant bien trop affreux. C'était vrai ! Et je n'avais qu'à regarder autour de moi pour m'en rendre compte. Les informations égrenaient catastrophe sur catastrophe, et le simple quotidien son flot de petites haines ordinaires. Étais-je heureuse ? Parfois follement car je m'épanouissais dans un quotidien qui n'avait jamais la banalité que j'avais tellement redoutée. Pourtant une ombre voilait mon ciel et je restais angoissée par la vie.

Celui qui m'apaisait était Jean. Et c'est à sa porte que je frappai encore une fois ce soir-là. Comme à son habitude, en sonnant à son interphone, je l'entendis me dire ce mot qui allait devenir providentiel : « Monte ! » En fait de montée, j'étais plutôt dans une descente. La vie était parfois pesante sans grande raison et ces moments de noirceur me pesaient d'autant plus que je ne les expliquais pas. « L'inconscient est une vague dans laquelle on peut se noyer, me dit-il en observant calmement mon air maussade. Le passé nous submerge et nous empêche de vivre dans la réalité présente. On vit chaque événement avec le filtre des premiers temps de notre existence, qui pourtant n'existent plus. Si tu deviens consciente, tu mettras le passé à sa place et tes ombres disparaîtront. C'est un travail long, jamais spectaculaire, parce que le sable à évacuer se fait à la petite cuillère. Petite cuillère après petite cuillère. C'est ça le chemin de l'évolution.

– Et je serai heureuse ?

– Non, tu seras joyeuse. »

En attendant, je décidai de me munir de la fameuse petite cuillère et de voir si le manuscrit allait m'aider à évacuer le sable de mon chemin. Je retrouvai le voyageur devant la forteresse et je plongeai dans le récit du moine. « Laisse-moi entrer pour que je puisse connaître la vie de plein bonheur et la beauté sans fin des jours et des nuits », disait toujours le pèlerin.

La vague sonore et tendre de la voix de l'ange reprit : « Sur le chemin de vie, tu dois forger la clef. Alors seulement je t'ouvrirai. Je suis le gardien spirituel de ton cœur. Ma lance te protège de tes pulsions et de ton manque de clairvoyance. Si tu pénétrais aujourd'hui dans la cité, tu ne resterais pas longtemps en vie. Ne sais-tu pas que la beauté de l'esprit est un feu qui réchauffe ceux qui connaissent et détruit ceux qui n'ont pas les clefs ? Seule l'expérience du chemin te donnera matière à éprouver ton esprit et conduire ton corps. Alors seulement tu trouveras la clef. » Je souriais. Le voyageur aussi devait suivre un chemin d'évolution. Peut-être fallait-il que je lui prête ma petite cuillère ?

Le pèlerin salua l'ange et, sitôt éloigné, il me prit à partie afin de trouver dans les remparts une brèche, un petit trou pour se glisser sans être vu du gardien. Il semblait insouciant des recommandations du messager. Et je dois avouer que j'étais aussi impatiente que lui de goûter, ne serait-ce qu'un petit moment, à la beauté du feu de Dieu.

10

En contournant les murs des remparts, une grande clameur parvint aux oreilles du voyageur. Il m'encouragea à ne pas faire de bruit devant la nouvelle image que je découvrais. Alors j'entendis des applaudissements mêlés à des hourras. La pierre des murs tremblait des éclats d'une fête sans pareille. Mais je ne comprenais pas la drôle de scène qui était devant mes yeux. Trois grands moines, en haut des remparts, accompagnés de quatre personnages de taille inférieure, encourageaient de leurs voix de minuscules êtres ailés montant vers eux. Ces derniers me faisaient penser à des créatures fantastiques de romans de science-fiction, des hommes-mouches. Un de ces êtres semblait soulevé du sol par ses deux ailes bleues. Et il était si surpris de ce qui lui arrivait qu'il riait comme un enfant.

L'univers symbolique exprimé par le moine nous faisait pénétrer au cœur du réel. Que voulait-il me dire avec ces hommes-mouches ?

En haut des murailles, les trois religieux tenaient dans leurs longues mains blanches des objets gris mystérieux que je ne distinguais pas. Mes yeux s'usaient à vouloir déchiffrer la forme. À mesure des heures je ne voyais plus que le ballet de leurs mains et de leurs immenses doigts. Je me levai pour rompre cette danse illusoire. En passant devant Mme Pollet, je vis dans son regard une telle demande que je décidai de lui conter ma difficulté. Je n'avais pas fini mon exposé qu'elle disparut dans le tiroir de son bureau et me dit d'un air triomphant : « J'ai ce qu'il vous faut. » Me confiant sa loupe, la conservatrice me suivit jusqu'au manuscrit, curieuse de résoudre avec moi l'énigme de l'objet gris.

« Regardez, ce sont des oiseaux, n'est-ce pas ? » me dit-elle avec enthousiasme. Je hochai la tête en signe d'affirmation. Les volatiles reposaient tranquillement dans les bras des trois moines. Le symbole était familier. Comment n'y avais-je pas pensé en voyant les ailes des petits êtres ? L'oiseau et l'aile désignaient l'Esprit. Mme Pollet s'était assise près de moi pour m'écouter. Les hommes, oiseaux-mouches, étaient aussi légers que des plumes, pour mieux montrer leur libération spirituelle. Ils étaient affranchis de la matière, des lourdeurs de la terre, des marécages existentiels. Leurs ailes avaient poussé, les soulevant vers le haut. Ils retrouvaient leur essence profonde et ils étaient heureux. « Cela donne envie d'avoir des ailes, votre histoire ! » me confia la conservatrice avant de rejoindre sa place.

Mme Pollet avait raison. Moi aussi j'aspirais à m'envoler, à me sentir libre, ne plus sentir cette pesanteur dans l'existence. Le pèlerin regardait les petits êtres qui montaient en haut de la forteresse, l'objet de son désir. Il appela avant qu'ils ne volent plus haut et qu'ils ne puissent plus révéler le secret de leur liberté. Mais au milieu de la clameur, sa voix s'évanouissait. Personne ne semblait avoir remarqué la présence du voyageur qui faisait toujours partie de la terre, alors qu'eux s'en affranchissaient. Le pèlerin était prêt à repartir, mais je traînais du pied. J'étais triste de quitter les hommes-mouches. Leur image me retenait. Tout ce qu'elle recelait et qui m'avait semblé d'abord tellement obscur s'ouvrait maintenant comme les pièces d'un puzzle que l'on forme. Et la forteresse en jeu de construction m'accaparait, elle restait un nouveau mystère. Ses murs s'élevant à mi-hauteur des personnages formaient une simple barrière plus qu'un château défensif. Cette façon maladroite de représenter l'architecture me heurtait. Pourquoi la main de Michel-Ange seraitelle si sûre seulement deux siècles après et pourquoi l'artiste si doué dans la présentation des visages mettait-il si peu de zèle à traduire un soupçon de réalité ? Cette dernière question resta sans réponse. Je résolus d'avancer dans le récit pour mieux y revenir. Je suivis le pèlerin.

11

Le voyageur me pressait de le rejoindre à la prochaine image. Il avançait dans les cases des miniatures comme dans les cellules de mon cerveau. Je le trouvai devant un autre endroit de la forteresse. Une échelle longue comme le ciel reposait jusqu'aux créneaux du mur d'enceinte tenue fermement par trois religieux vêtus de blanc. En bas, trois petits hommes en escaladaient les barreaux. Il était si facile de se mettre à leur suite. Mais le pèlerin hésitait, il se contentait de regarder vers le haut pour essayer d'entrer sans l'effort que coûtait l'ascension. Il parlait avec vivacité aux religieux qui aidaient les autres à grimper et il en rajoutait pour paraître à son avantage. « Écoute, frère, et incline l'oreille de ton cœur », lui fut-il répondu aussitôt. L'être qui parlait semblait à cet instant tout près du pèlerin, penché vers lui malgré sa situation au sommet des remparts. J'avais l'impression qu'il était aussi tout près de moi. Sa parole me troublait. Que pouvait entendre mon cœur ?

Mon cerveau occupait toute la place en moi, réagissant aux incessants stimuli du monde. J'étais si occupée à répondre. Je sentais bien que quelque chose de plus enfoui, une petite sensation de l'ailleurs, m'appelait quelquefois. Comment pouvais-je écouter mon cœur ?

Cette question, j'allai la poser à Jean. « Sans la paix en toi tu ne peux rien entendre, me dit-il. Maîtrise ta pensée, ne te laisse pas envahir par tes émotions. Sois consciente.

– Je suis sensible, je réagis trop vite.

– La sensibilité est ton outil. Sers-toi d'elle, mets-la à sa juste place au lieu d'en être esclave. Apaise-toi. »

En sortant de chez mon ami, j'étais toujours partagée entre l'exaltation que donne la découverte de soi-même et l'impatience devant la lenteur de ma progression intérieure. Je me reprochais de ne pouvoir appliquer avec l'immédiateté de l'aisance ce que mon cerveau venait d'enregistrer. Ce jour-là ne faisait pas exception. J'étais une émotive, à l'oreille du cœur bouchée, voilà tout. Mais j'étais décidée à écouter.

Je retrouvai le manuscrit avec le pèlerin devant le grand moine penché vers lui. « Il cite les premiers mots de la règle de saint Benoît, me dit-il, ceux que l'on apprend aux religieux novices. Moi, j'écoute mon cœur et il me dit d'entrer dans la cité. Suis-moi et cherchons à pénétrer dans le lieu par un autre moyen. » Poursuivant sa quête, le voyageur contourna un peu plus les remparts et m'entraîna jusqu'à l'image suivante. Et ce qu'il vit le découragea. Trois autres petits hommes s'évertuaient à gravir les murs au moyen d'une corde que les êtres du haut leur tendaient. L'échelle et maintenant la corde ! Je devais m'arrêter, laisser l'impatient pèlerin pour trouver ce que ces deux signes recelaient. Mais comment ouvrir la porte du symbole ? Les moines aidaient les « petits » hommes à monter et j'étais une « petite » en quête d'échelle ou de corde. Je résolus d'aller vers eux. Je plongeai dans les écrits des Pères du désert. J'entrai dans leur silence et je trouvai l'échelle. Elle était l'image de l'évolution spirituelle, le centre de la vie des hommes ivres de Dieu. « Efforce-toi d'entrer dans le trésor de ton cœur, disait Isaac le Syrien au VIIe siècle, et tu verras le trésor du ciel. [...] L'échelle de ce royaume est en toi, cachée dans ton âme. Plonge en toi-même. C'est là que tu trouveras les degrés par lesquels tu pourras t'élever. » L'échelle était en moi, mais où se trouvait-elle ? Comment fallait-il faire pour plonger en soi-même ? Les mots de Jean revenaient à mon esprit : « Apaise-toi. » Si j'arrêtais un instant, ne serait-ce qu'une minute, le flot incessant des pensées qui me submergeait ? Si j'essayais d'écouter au-delà de cette envahissante maîtresse, qu'allais-je trouver ? J'étais émerveillée de constater comme dans chaque ordre monastique, qu'il soit chrétien, soufi, tibétain, il y a la même pierre d'angle, l'écoute. C'était le premier secret de la vie des moines, le premier secret de l'évolution humaine, le premier barreau de l'échelle.

Il fallait devenir creux, vide, accueil, sans parasite de cet ego qui demande sans cesse d'être gavé de reconnaissance, de pouvoir, de plaisirs éphémères. Mais en étais-je capable ? Le chemin sur cette voie, je le sentais bien, était aussi difficile que de monter à la corde. Mais je désirais tant m'élever. Je n'avais pas le choix. Personne n'allait m'apporter l'échelle puiqu'elle était cachée en moi. Je résolus d'écouter. Et pour m'encourager le hasard mit devant mes yeux une petite phrase écrite par Guigues II le Chartreux, un moine du XIIe siècle : « Qui ne se tait pas n'entend pas celui qui parle. » Je compris, grâce à la remarque aiguisée du contemplatif, que l'Esprit nous parle dans un murmure pour ne pas s'imposer, pour que nous puissions jouir de notre libre-arbitre. Et nous n'entendons pas. Au milieu du vacarme de nos pensées, nous bâtissons une chambre close, une prison de fou, sans ouverture sur cet autre monde invisible à nos yeux, pourtant si proche de notre cœur. Comment faire autrement ? Comment pouvais-je tendre l'oreille, m'oublier un court instant pour sentir cet ailleurs se manifester ? « Incline l'oreille de ton cœur », je retournai au manuscrit et décidai d'écouter ce que l'image produisait en moi.

L'échelle était longue et vertigineuse. Elle reliait la terre et le ciel comme celle du songe de Jacob dans la Bible. En exil, sur le chemin d'Hâran, le patriarche reçoit en rêve une vision : « Voilà qu'une échelle était dressée sur la terre et que son sommet atteignait le ciel, et des anges de Dieu y montaient et descendaient ! » Jacob sort du sommeil avec la certitude d'avoir vu la « porte du ciel ». Les Pères du désert s'étaient nourris de ce symbole des premiers temps et l'avaient mis au centre de leur vie. L'échelle montrait l'union des mondes matériel et céleste. Marquant le passage et la communication entre les deux univers, elle était signe d'ascension spirituelle. Chacun de ses barreaux symbolisait les étapes progressives du cheminement de l'âme vers Dieu. L'emblème se trouvait dans les plus anciennes civilisations. L'échelle de Rê en Égypte conduisait l'âme des morts jusqu'aux dieux et les temples vertigineux de la Mésopotamie, les *ziggourats*, étaient nommés les « échelles célestes ». Cette considération n'était pas étrangère aux moines cisterciens du Moyen Âge qui nommaient leur monastère *scala Dei*, « l'échelle de Dieu ».

La clarté se faisait progressivement en moi. L'échelle était un passage du monde matériel au spirituel, la brèche que le voyageur s'évertuait à trouver. Elle demandait de s'accrocher fermement à chaque barreau pour ne pas verser dans le vide.

« Regardez, on dirait la même image. » Mme Pollet me salua et se pencha avec délectation sur la page de son cher manuscrit. « Ah non, reprit-elle, avant que je n'aie eu le temps de répondre, sur la première, ils montent à l'échelle et sur celle-ci à la corde, ce ne sont pas les moyens les plus faciles d'entrer ! » Je confirmai la judicieuse remarque de ma conservatrice. Les deux images décrivaient la même forme d'ascension, celle qui demande rigueur et constance. Dans les deux cas, il fallait « monter » pour trouver le ciel. J'avais été frappée de lire dans la Bible comme cette idée est liée à celle d'une libération. « C'est le Seigneur qui nous fait monter, nous et nos pères, du pays d'Égypte, de la maison de servitude », dit le Livre de Josué. Mais dans l'élévation, alors que l'échelle prenait appui sur la terre, la corde me semblait demander un effort de plus. Elle me faisait penser à celle des funambules qui traversent le vide. La corde demandait de devenir équilibre, droiture et de tendre toujours vers le but. Les moines utilisent la corde comme ceinture pour ne pas oublier le symbole qu'elle désigne, le lien d'obéissance. Que voulait dire ce vieux principe à notre époque naturellement rebelle à toute forme d'autorité ? Mme Pollet regardait avec attention l'état des petites éraflures dans le vieux parchemin. « Parfait, je vous laisse, dit-elle, manifestement satisfaite de son observation, mais pour entrer dans la forteresse, moi, j'aurais préféré l'échelle. »

Le symbole de la corde et l'obéissance qu'elle signifiait était l'exigence même. Le voyageur devait le savoir car il passa très vite son chemin, me disant que son corps ne supporterait pas la rigueur de ce lien. Je n'aimais pas plus que lui obéir. Que venait faire cette soumission dans l'évolution alors que la Bible nous enseigne que nous sommes libres ?

L'obéissance des moines, je le sentais, était un chemin d'évolution, non de soumission. Je repensais à mon amitié avec Jean. Sa sagesse me guidait souvent sans qu'il ne m'impose rien. Il éclairait mon chemin. Ma confiance dans son jugement était souvent un repère. Pour reprendre le symbole, j'étais au bas de l'échelle, alors que lui avait depuis longtemps entrepris l'escalade. Il m'encourageait simplement par son exemple et je voyais, grâce à lui, qu'il était possible de monter plus haut. Alors je repensai à la corde et je compris qu'elle était en réalité une fausse attache et, plus, un symbole de libération. L'obéissance était pour les moines une clef pour grandir. Savoir perdre son petit moi et ce que l'on croit primordial à son confort pour se laisser guider, s'oublier pour se connaître. La corde paraissait une contrainte pour ceux qui se noient dans les fuites du temps, les plaisirs déséquilibrants, les petites sécurités qui endorment au lieu d'éveiller. Ceux qui n'ont pas le désir d'évoluer. Moi, je sentais au contraire que si je ne faisais pas de mon être quelque chose de bâti, si je restais ballottée au gré des mouvements du monde et de mes émotions, je deviendrais malheureuse et aigrie, comme certains qui ont démissionné de leur vie.

J'aurais voulu expliquer au pèlerin les bienfaits de la corde, mais déjà il me menait à une nouvelle image et mes pas le suivirent. « Regardons », dit-il joyeusement en voyant trois hommes impatients se débarrasser de leurs vêtements. La scène avait quelque chose d'insolite car je ne voyais aucune rivière ou baquet dans lesquels ils pourraient se baigner. Ils s'empressaient de jeter manteaux, robes et linges de corps pour entrer dans la forteresse. Je remarquai les pelisses de grand prix et les vêtements de draps précieux qu'ils laissaient négligemment sur le sol. Le voyageur s'emballa : « Ainsi, dit-il, il suffit de se mettre nu pour entrer, c'est facile. Ce moyen me convient parfaitement. » Il se mit à ôter son habit, son chapeau, sa mentonnière et sa robe de corps. Mais bientôt il se ravisa, me disant : « Regarde comme mon corps est un tissu qui recouvre ce que je suis. Il me cache dans son opacité, je n'arrive pas à me mettre nu. Les autres hommes sont illuminés par une sorte de chandelle qui les éclaire de l'intérieur. Puisque je suis dans le noir, autant remettre ma bonne pèlerine et continuer le voyage. » Cette réflexion pleine de sagesse lui servit, je crois, car elle déclencha une autre apparition, la plus belle et la plus étonnante qu'il m'ait été donné de voir.

12

La page était tournée. Une femme se présenta devant le voyageur. Les traits de son visage disparaissaient dans l'étincellement d'une couronne flamboyant sur sa tête. Ses cheveux formaient un nuage vaporeux et brillant, auréole de son corps majestueux. Elle se tenait déhanchée comme une déesse indienne. Ses pieds plantés au sol, longue silhouette touchant le ciel, cette dame ressemblait à une statue-colonne de reine de la cathédrale de Chartres. Elle m'inspirait le même sentiment de gravité sacrée, la beauté qui coupe le souffle. Sa longue robe bleue, dont la traîne semblait plonger dans le sol comme une racine, était parcourue de mille éclats formés par les étoiles brodées sur son vêtement. Ces étincelles éclaboussaient de lumière ceux qui étaient près d'elle.

Le pèlerin en cet instant resplendissait. Il souriait encore un peu plus que d'habitude à la vue de la noble dame. « Holà, lui dit-il, qui es-tu ? Il me semble te connaître. » Je riais en moi-même de cette remarque banale de séducteur. Devant une telle merveille, il refaisait le coup du « On s'est pas déjà vus quelque part ? ». Mais la réplique de la femme me dissuada de me moquer plus avant : « Depuis le début des temps, je suis avec toi. Petit, je t'accompagne car je t'aime sans fin. Toutes les fois que tu as besoin de moi et que tu m'invoques, je réponds. Je suis ton ange. » Les mains de la belle dame étaient immenses et fluides comme des herbes sous le vent. Elle révéla son nom, Grâce de Dieu, ange gardien. Elle penchait son visage vers le voyageur et je pouvais distinguer, dans ses traits opalescents, des petits yeux brillants comme les eaux sombres et hypnotiques des rivières cachées dans les futaies. Le sourire qu'elle donnait sans cesse était celui des statues du Bouddha ou de l'ange sculpté de la cathédrale de Reims. Elle tenait à l'endroit du cœur un fermail en or.

Mes yeux ne se lassaient pas de découvrir tous les détails de la merveilleuse figurine. Je la sentais proche. Avais-je aussi au fond de moi cette grâce de Dieu ? Petite, je ne me suis jamais sentie seule. Dans mes souvenirs les plus lointains, j'ai toujours eu la sensation d'être accompagnée, parfois protégée. D'où vient cette impression que je perçois de façon presque palpable, cette sorte de densité enveloppante ? Je ne sais. Depuis mon enfance, j'ai une mère terrestre et une mère céleste. Les deux n'ont jamais été en conflit car j'entretenais la même adoration de l'une et de l'autre. Celle qui m'a fait naître a emprunté son nom à ma mère céleste. J'ai vécu près d'une Anne-Marie et Marie est près de moi. J'aime la Vierge, c'est ainsi. C'est un sentiment doux, naturel, sans passion. Cet amour vient-il de ces peintures de la Renaissance que mes parents se plaisaient à me faire goûter ? Cette raison est trop réductrice. Elle n'explique pas la présence que je sens toujours près de moi aujourd'hui. Marie a la beauté de Grâce de Dieu. L'enlumineur a peint ce que je sais d'elle, un halo lumineux, un regard, un cœur de feu symbolisé par le fermail en or.

La grâce est ce qui est accordé sans raison, dit le dictionnaire. Je crois plutôt que tout est raison. Je devais faire quelque chose de ce qui m'était donné, cette grâce cachée dans les replis de mon être, qui se trouvait bien enfoui dans mon petit malaise existentiel. Devant le manuscrit, j'avais la certitude d'être à la bonne place, cela me rassurait. Et Grâce de Dieu était là désormais pour m'aider.

À l'image suivante, elle prit la main du voyageur. J'eus l'impression qu'elle me guidait. Je laissai ma pensée s'abandonner à cette sensation et suivis le pèlerin. Aux côtés de l'ange gardien, il ressemblait à un enfant attentif. Il avait oublié ses manières cocasses de petit malin. Pourtant il reprit bien vite ses mauvaises habitudes en apercevant à nouveau la forteresse. D'étrange façon, elle flottait dans les airs juste au-dessus de lui. Le voyageur ne semblait pas surpris, il ne cessait de solliciter son ange pour entrer au plus vite. Pourtant un simple lit de nuages maintenait dans les airs une forteresse en pierres vertes ! Alors que mon pèlerin se démenait de plus belle croyant toucher au but, j'étais arrêtée par l'insolite de l'image. Décidément, la « belle cité » me disait quelque chose que je ne percevais pas. Je devais m'arrêter. Depuis le début du voyage, la construction revenait dans presque la totalité des images enluminées. Dès la première peinture, elle apparaissait dans le grand miroir du rêve de Guillaume. Elle incarnait la quête du pèlerin. Le Voyage de la Vie ne pouvait être la réalisation du rêve de détenir un château avec tourelles d'angle intégrées et pont-levis escamotable ! Si c'était cela « la vie de plein bonheur » recherchée par le pèlerin, j'étais plus exigeante que lui.

Je ne suis pas d'une famille riche, mais j'ai bénéficié d'un beau confort de vie qui m'a toujours contentée. Mon envie se situe moins dans la possession que dans la vision. L'harmonie me comble, le beau me procure une plénitude intérieure inexplicable. Dans mon adolescence, ma mère, passant pour la centième fois pour mon plaisir sur le pont Alexandre III, s'amusait du même enthousiasme que je manifestais à la vue des chevaux ailés au sommet des piliers et des torchères ornées de guirlandes de fleurs et d'enfants dansants. « Quel beau pont ! » était devenu le nom du célèbre monument.

J'avais la certitude que le rêve du pèlerin n'était pas dans l'avoir. La forteresse, vu la teneur du manuscrit, symbolisait un but d'évolution. Celui-ci ne pouvait se limiter à la propriété d'un lieu, fût-il un château. Mais que représentait-elle ? Un rêve dans un miroir et maintenant un mirage flottant sur un nuage. Je revenais à l'image des hommes-mouches avec la forteresse qui semblait une construction d'enfant. Ses murs ne protégeaient de rien. Ils étaient une simple barrière entre les grands moines et le voyageur. C'était peut-être aussi simple que cela !

Je poursuivais ma réflexion. La forteresse avec ses hauts murs et ses tourelles de garde n'était qu'une illusion. Les hommes qui résidaient ici n'avaient nul besoin de barrière pour se cacher. À leur contact, les murs semblaient fondre. Mais leur pierre était faite de ma propre incompréhension, leur hauteur était l'égale de mon manque de clarté intérieure. Le fortin n'existait pas. Il était un faux obstacle, un leurre de protection. J'étais libre d'aller vers les grands moines qui me tendaient la main à moi aussi. Mais j'étais encore trop submergée par mes tourments intérieurs pour être libre et m'envoler. Ma découverte s'éclairait. La forteresse désignait un lieu secret de l'être. Ses murs chimériques se dressaient uniquement devant les aveugles. À nous de faire fondre les pierres de nos cœurs pour voir enfin. Mais pour cela, il fallait passer à travers le miroir afin de pénétrer le lieu auquel chacun aspire avec ses mots. Paix, illumination, Jérusalem céleste, paradis, la quête des hommes est toujours la même. La cité était placée au centre de la terre, autant dire au cœur de nous-mêmes. « Pour évoluer, il faut descendre, affronter le réel », avait l'habitude de me dire Jean. Pour trouver le château de plein bonheur, il fallait descendre dans ces régions cachées de nous-mêmes, affronter nos nuits obscures. Et cet effort-là représentait bien plus que tous les rêves de possession.

J'étais perdue dans mes réflexions, je traînais du pied. Mais le pèlerin n'avait pas avancé dans sa quête. Il insistait toujours auprès de son ange pour qu'il lui ouvre la cité. La belle dame, sans paraître entendre ses réclamations, lui proposa de construire un pont pour joindre la forteresse flottant dans le haut ciel. Il répliqua aussitôt : « Quel besoin de bâtir tel ouvrage ? Je peinerais si longtemps à la tâche qu'avril aura sonné et puis mai, je n'aurai pas atteint la moitié de mon but. Crois-moi, il y a un moyen bien plus ingénieux. Vois comme ta main, cher ange, peut toucher le ciel. En étendant le bras, tu peux sans difficulté m'élever jusqu'en haut des remparts. Sers-moi et je pourrai entrer. – Je te sers mon aimé, sourit l'ange, je veille chaque instant à ta construction. Mais ce que tu demandes te détruirait sur-le-champ. Tu es trop petit, enfant, il te faut croître avec le temps et la constance. Alors ta conscience s'ouvrira et je te mènerai où tu le souhaites tant. »

Le pèlerin avait réagi aussitôt, sentant bien qu'il ne pourrait faire fléchir la parole de l'ange. « Je te suis, belle, mais épargne-moi l'errance du chemin. Je n'ai pas trop de temps. – Si tu écoutes ma voix, je te guide toujours. Le temps est un allié pour celui qui accepte de marcher avec lui. Il n'est pesant qu'aux impatients qui vivent dans l'illusion de tout maîtriser. Il n'est brutal qu'à ceux qui ont peur de vivre et qui le fuient sans cesse. La mort pour eux n'est pas passage vers l'autre vie mais abîme et néant. Ceux-là redoutent le temps. Mais toi, enfant, fais de lui ton allié, apprends à son école. Il te montrera ce que seule l'expérience peut t'offrir, la clef d'humanité. »

J'étais aussi troublée que le voyageur. J'étais une impatiente, le temps n'était pas mon ami. « Chaque chose en son temps » est la phrase que j'aimais le moins entendre. Le chemin d'évolution était long, aussi long qu'évacuer le sable qui nous encombre à la petite cuillère. Grâce de Dieu avait dû parler à mon ami Jean. Je tournai la page.

13

Avec la nouvelle image je poussai une autre porte. Le livre m'entraînait dans un champ de révélation plus profond. Au lieu de l'habituelle forteresse j'étais face à une scène d'autant plus surprenante que je me trouvais seule. Le pèlerin avait disparu !

Grâce de Dieu se tenait près d'un enfant nu qui baignait dans une immense coupe. Celle-ci était aussi verte que les murs de la cité sacrée. Je reconnaissais la couleur symbolique du renouveau. Elle s'inscrivait dans l'objet indiquant un chemin. Mais lequel, et où se trouvait mon voyageur ?

Autour de la coupe se tenaient trois personnages de grande taille, somptueusement vêtus de draps soyeux et de fourrure. Leur présence colorée près de l'ange scintillant donnait à la miniature un aspect de pierre précieuse. Je restai longtemps à les contempler. Que faisaient-ils autour de l'enfant dans sa coupe démesurée ?

Celle-ci était au centre de l'image et au cœur

de mon interrogation. Je cherchai dans les anciennes civilisations la trace du symbole dont le moine Guillaume montrait l'héritage. La coupe, d'évidence, était une marque universelle de communion entre les hommes. Elle circulait dans les banquets en signe d'amitié, de victoire, de liens scellés.

Mais le plus extraordinaire était sa signification subtile dont tout l'ancien savoir de l'humanité portait témoignage. C'est ce que je découvris dans la Bible. « Ma coupe déborde », disait un psaume du roi David dans un élan d'amour qui le portait vers Dieu. La coupe était donc le cœur humain ? Cette piste se révéla féconde. Toute la Bible en témoignait, mettant en garde ceux qui pouvaient emplir leurs coupes de folie. Déjà les Égyptiens, dans l'écriture hiéroglyphique, dessinaient un petit vase pour signifier le cœur. Et les soufis par la suite avaient adopté le symbole, enseignant la disposition intérieure du cœur-coupe devant être pur et vide pour recevoir Dieu.

La forme du calice large et généreux incitait à se creuser comme lui, faire du vide en soi pour être rempli d'autre chose que soi-même. Mais comment pouvait-on parvenir à cet état, arrêter l'assaut de ses pensées ? J'avais peur de tomber dans une léthargie. « Je pense donc je suis », j'étais bien la fille du philosophe Descartes. Je ne pouvais me résoudre à faire taire mon divin cerveau qui fonctionnait sans mon aide. Ce vide de la coupe représentait un tel vertige ! Je voulais comprendre, approcher d'un peu plus près cette connaissance que les hommes du passé avaient partagée. Un texte franciscain du XIIIe siècle, un hommage à Marie, décrivait la Vierge comme un vase d'or. Marie était accueil, âme ouverte, donnée, alors que la mienne était fermée. J'étais coupée d'une part de moi-même. Des paroles de Jean revenaient à ma mémoire : « Si tu cherches à tout contrôler, tu ne laisses pas de place à ta nature intuitive. Regarde la fleur qui s'épanouit jusqu'à son dernier souffle de vie. Elle ne revendique rien, elle se donne totalement, sans raison, sans volonté d'action. Sois comme la fleur, ne cherche pas toujours à faire ou à devancer ce que la vie t'apporte naturellement. Accueille celle-ci généreusement. Fais confiance. » La fleur ouverte était comme la coupe. Et je devais m'efforcer, pour être pleinement humaine, à devenir calice.

La coupe du manuscrit était un objet sacré, au vu de sa taille importante. Sans doute faisait-elle référence au Graal des romans de chevalerie. Ce dernier m'a toujours fascinée depuis mes livres d'enfant contant l'histoire des chevaliers de la Table ronde aux films hollywoodiens. Les acteurs aux visages lissés par le fond de teint, barbes lustrées, cheveux plaqués en arrière, habillés d'armures dernier cri américain, m'enthousiasmaient. Plus tard la lecture de *Perceval* de Chrétien de Troyes rétablit le récit dans un terreau moins factice et qui me passionna. Pour trouver la coupe de connaissance, plus d'un héros du Moyen Âge avait consacré sa vie sans un regret. Elle contenait le sang du Christ, qui était promesse d'éternité. Dans l'évangile de Jean, Jésus dit à ses disciples : « Si vous ne mangez ma chair et si vous ne buvez mon sang, vous n'aurez pas la vie éternelle. » Le corps et le sang se trouvaient dans la coupe de l'image, là même où baignait l'enfant. Je m'approchai de lui.

Dès qu'il me vit, il leva les bras joyeusement. Pendant qu'il me saluait d'un « Holà ! », je reconnus la voix de mon voyageur. Que faisait-il sous cette apparence de gamin qui vient à peine de naître ? « Tu es étonnée, me lança-t-il, amusé. La raison en est simple. J'ai accepté d'être petit. Ainsi je me croyais fort et plein de savoir. Je me rends compte que la route de la connaissance est plus longue que je n'imaginais. Ce que tu vois de moi est ce que je suis. Je dois prendre le temps de grandir. Regarde comme tous ces gens sont prêts à m'aider. Je sens l'amour de mon ange sans cesse à mes côtés. J'ai décidé de ne jamais quitter sa main. » J'étais si heureuse de revoir mon voyageur que je ne l'écoutais pas. Mais la première surprise passée, je repris ma lecture et ma concentration. Il avait l'air si joyeux sous ses traits enfantins. Moi aussi je me sentais petite.

J'avais retrouvé le pèlerin. Je compris que les nobles richement vêtus avec leurs hautes statures autour de lui étaient symboliques, non d'un physique, mais d'un état. Ils étaient de la taille de leur connaissance spirituelle. Et la plus haute de tous était Grâce de Dieu. Sa parole devait résonner fortement dans le cœur du pèlerin car il levait les bras, émerveillé. Sous son aspect d'enfant, il remit sa pèlerine trop grande, qui, de façon naturelle bien qu'extraordinaire, se remit à sa taille. Et, m'appelant à le suivre, il continua ses pas. Grâce de Dieu nous guidait dans son scintillement. À la nouvelle image elle était toujours là.

Le voyageur s'arrêta devant un homme trônant sur un simple siège de bois. Son vaste manteau bleu doublé de rouge éclatant, comme un feu secret, le couvrait jusqu'aux pieds. Il portait comme l'ange le fermail d'or à l'endroit de son cœur. Sa tête était surmontée d'une corne qui rayonnait dans toutes les directions avec intensité.

Dès qu'il vit le pèlerin, il le salua et sa tête resplendit de gerbes de feu. « Va, dit l'ange au pèlerin, va vers l'homme de sagesse. Il porte au sommet de sa tête toute la connaissance oubliée. Apprends de lui et veille à ne jamais perdre ses paroles. Tes Pères les ont entendues avant toi et expérimentées sur le chemin de vie. De leur mémoire ils ont fait une clef. Elle ouvre la porte que tu cherches sans savoir. Il te faut faire comme eux le voyage pour apprendre qui tu es sans renier la parole qui t'a été donnée. – Je n'oublierai jamais l'homme à la corne, s'enflamma l'enfant pèlerin. – Alors reçois de lui », proposa l'ange en poussant en avant son protégé.

L'homme resplendissant posa doucement son front sur le sien. En cet instant, l'écriture du moine s'était comme effacée pour laisser place en moi à l'exceptionnelle tendresse que l'image transmettait. Le geste de l'homme à la corne me faisait penser à celui des lamas tibétains qui se penchent ainsi sur ceux qu'ils rencontrent. Que pouvaient-ils transmettre par leur geste ? Était-ce le savoir oublié dont parlait Grâce de Dieu ? Parle, pèlerin, me disais-je, toi qui sans cesse dialogues avec tout un chacun, pourquoi restes-tu muet à présent ? Devant son air lointain je décidai d'avancer à la peinture suivante. Peut-être allait-il retrouver la parole ? Mais il disparut.

Muet et maintenant fantomatique. Où pouvait-il être ? C'était pourtant son voyage, il se devait de cheminer dans les cases enluminées. J'hésitais à revenir en arrière lorsque mon attention fut captée par les deux personnages devant moi. L'homme cornu majestueux s'était levé de son trône de bois et offrait une couronne d'or à un homme vêtu de rouge. Je connaissais cette couleur de feu. Au début de l'histoire elle brillait sur le grand lit du moine Guillaume. Elle était symbolique d'un embrasement spirituel. J'avais l'impression d'assister à une cérémonie sacrée, une sorte d'initiation secrète à laquelle je ne pouvais prendre part. J'essayais d'écouter l'image, la dessinant dans tous ses détails. Mais peine perdue, j'allai chercher un regard neuf auprès de Mme Pollet. « Oh ! s'exclama-t-elle à la vue de mon motif. On dirait que l'homme rouge reçoit la couronne des rois. » Je dois l'avouer, ce jour-là la conservatrice orienta ma recherche de manière fructueuse. Grâce à elle je m'attachai à la couronne et cette découverte me passionna.

Toutes les grandes civilisations avaient la leur. Les rois, les vainqueurs, les prêtres, les élus, l'objet ornait la tête de tous ceux qui étaient honorés. En cherchant dans les anciennes coutumes, je découvris que les couronnes royales d'Égypte étaient considérées comme chargées de puissance et qu'elles étaient l'objet d'un culte sacré. La couronne était un symbole de pouvoir qui donnait accès à des forces supérieures. En m'approchant de l'homme rouge, j'espérais capter un peu de ce mystère, mais au lieu de cela j'entendis : « Vois comme je suis beau dans ma robe de feu. Depuis que je suis près de l'homme cornu, je sens en moi une ardeur nouvelle qui m'a transformé. – Pèlerin ! m'exclamai-je tout bas en l'observant mieux. – C'est moi. Vois-tu, en acceptant ma petitesse, j'ai découvert au fond de moi toute une part inconnue. J'ai grandi. Cette couronne est le signe de la clarté nouvelle que je sens désormais. Regarde comme elle brille avec ses petites pointes qui sont comme des rayons de lumière. Son cercle est parfait, c'est le signe du ciel que je dois trouver. Viens ! »

J'étais sur un nuage en suivant le voyageur tout éclatant de feu. Je voulais tant l'interroger. Mais à l'image suivante un nouveau personnage me ramena bien vite sur terre.

14

C'était une petite femme à l'apparence simple. Elle ne portait aucun atour mais une sobre robe bleu. Aucun bijou pour orner son vêtement, aucun scintillement n'émanait d'elle. Elle sortit d'une tourelle verte et aussitôt pointa son index sur le beau voyageur. Malgré sa petite taille, elle le toisa et se mit à l'interroger sans ménagement. « Doux ami, lança-t-elle, le chemin est long sur la route de la vie ! Crois-tu pouvoir le suivre jusqu'au bout, au dernier de tes souffles, en gardant mémoire de ta connaissance ? Le souvenir est ton essence profonde d'être humain. Oublier, c'est te perdre. Beaucoup errent sur les chemins comme des mendiants alors qu'ils sont fils de roi. Ils ont oublié leur couronne. Et toi, que feras-tu ? »

J'étais troublée par ces paroles. Mes souvenirs du passé se bousculaient en vrac dans ma tête dans leurs chatoiements et leurs ombres. Cette mémoire évoquée par la petite femme ne devait pas faire référence aux premières années de vie, mais à une connaissance plus ancienne et plus universelle, celle qui touchait à l'essence de notre être. Je ne m'étais jamais vraiment posé la question de ce que je suis. J'écoutais avec attention.

La voix du pèlerin, jusque-là brillante et assurée, se fit plus modeste dans les traces noires de l'écriture gothique. « Qui es-tu ? dit-il interloqué. – Tu me connais, ami, je fais partie de toi. Je suis ta conscience. J'interroge, je garde et je veille. La tour où je vis lie le ciel à la terre. Elle me permet de descendre jusqu'à toi. C'est le lieu de ma vigilance. Si tu cherches à t'élever elle s'offre aussi à toi. – Je le veux plus que tout. Donne-moi accès à la tour, repartit de plus belle le pèlerin. – Écouteras-tu toujours ma voix ? – Je te suis et je ne t'oublie pas, ajouta le pèlerin. – Alors, je te guiderai jusqu'au sommet. »

Le nouveau personnage était le miroir de ma propre recherche et je ne savais plus en cet instant si ses paroles s'adressaient au pèlerin ou à la lectrice. La femme avec sa petitesse ressemblait au Jiminy Cricket du conte de *Pinocchio*. On ne pouvait pas mentir avec sa conscience. Mais l'homme avait la faculté de l'occulter s'il ne souhaitait pas suivre le chemin de l'évolution. Pour ma part, j'avais tellement envie de sortir du sommeil et de m'éveiller. « Sois consciente, me disait mon ami Jean. Le passé, s'il n'est pas à sa place, nous fait réagir à l'événement sans aucun rapport avec la réalité. Certains vivent dans l'illusion toute leur existence. Regarde ce qui gouverne tes actes et tes paroles. Tu vivras au présent. » Cette femme en bleu devait être la sœur de Jean ! Je décidai de la suivre avec le voyageur jusqu'à la nouvelle image enluminée et de ne pas oublier la tour, symbole de la vigilance que je devais mettre dans mes gestes et mes pensées.

Conscience mit devant nos yeux une scène étonnante. Un couple se mariait devant un chanoine et deux témoins. L'épouse tendait sa main alors que le célébrant lui donnait celle de son époux pour les réunir. Je ne comprenais pas la présence de cette image dans le déroulement du récit, mais la peinture était si belle que j'abandonnai un instant ma raison pour la savourer. La jeune épousée avait un cou aussi long et nacré que Mlle Rivière sous le pinceau de Ingres. Elle portait à sa ceinture de perles une bourse blanche ornée précieusement qui tranchait sur sa robe rouge brodée d'or. Et elle abandonnait ses deux mains fines comme des offrandes à l'époux qui la désirait.

Enfant, à la question posée de ma vie future, je répondais aussitôt : « Je vais me marier. » D'où me venaient cet idéal et cette certitude ? N'étant pas d'une famille traditionnelle ni d'un milieu parental très uni, je devais paraître bien banale aux adultes qui m'interrogeaient. Cette idée ne m'a jamais quittée et je me disais que le couple, l'harmonie à deux, mariage ou pas, était la plus belle création de la vie. Pourtant je voyais bien que l'entreprise n'était pas aisée. Je n'avais aucune idée sur la vie à deux, mais en revanche j'étais déterminée à ne jamais faire ce que je voyais autour de moi. Avec le temps passionné de l'adolescence, l'espoir avait germé en moi de devenir pionnière. Les exemples existants n'étant pas à mon goût, je devais trouver un autre modèle de vie, une harmonie naturelle sans se forcer, sans se complaire, sans empiéter sur l'autre, sans revendiquer, le plaisir d'être ensemble à chaque instant ou sinon rien ! Lorsque j'ai rencontré le jeune homme que j'allais épouser, mon absolu était enfoui dans ce rien. J'avais vécu l'éclatement de la cellule parentale avec détresse et force car je recevais alors la souffrance de ma mère. Mon idéal s'était estompé dans une noirceur dont je peignais le quotidien. Les dérapages des uns, le mal-être des autres me semblaient la normalité de l'existence. Depuis, j'ai découvert qu'il peut en être bien autrement. Rencontrer l'harmonie de vraies vies à deux aujourd'hui est toujours un émerveillement.

Devant l'enluminure du mariage je rêvais. La simplicité de la cérémonie répondait à mon idéal, celle d'une célébration confidentielle, presque secrète, sans représentation aux yeux du monde, une vérité. Mon modèle s'était forgé à la lecture de William Shakespeare, depuis que j'avais découvert le mariage de Roméo et Juliette unis dans une petite chapelle par le frère Laurent.

À la lecture des coutumes du Moyen Âge, je découvris avec surprise que mon absolu était lieu commun. Dans les premiers temps, le père de famille scellait le mariage en joignant les deux mains des époux sur le seuil de sa porte. Je m'émerveillai d'apprendre comment le rituel du geste, depuis l'Antiquité, non les mots, unissait les époux. La présence du religieux dans la cérémonie était une pratique relativement récente. Au XIe siècle, une liturgie spécifique au mariage était née. Mais c'est seulement au XIIIe siècle que l'acte avait été officiellement intégré à la liste des sacrements au IVe concile du Latran. Le prêtre jusqu'alors n'était pas toujours requis et la messe de mariage était rare. Et il faudrait attendre le XVIe siècle et le concile de Trente pour faire de la présence du prêtre et des deux témoins des conditions de validité de l'union entre époux.

La scène continuait de m'interroger. Je ne comprenais toujours pas sa présence dans le déroulement du récit. Que voulait-elle me révéler ?

Les écrits monastiques me donnèrent la lumière que j'espérais. Ils font du mariage un symbole de l'unité que l'homme doit accomplir en lui-même. « Homme et femme il les créa », dit le livre de la Genèse pour décrire les deux polarités de chaque être. En quelque sorte, nous étions par essence faits pour le mariage ! Les rabbins enseignent qu'entre l'homme et la femme il y a Dieu. Savoir harmoniser les deux parts de nous-mêmes ouvrait la porte de notre esprit.

En posant à nouveau mes yeux sur l'image du manuscrit, le symbole du mariage resplendissait à présent. Conscience guidait le cœur du pèlerin. « Le mariage est un signe, lui disait-elle pour le mettre sur la piste. – Je m'en doute bien. Mais je manque de clarté. Ouvre-moi un peu plus ta porte, Conscience, que je puisse disposer de ta lumière. – Tu regardes sans voir, dépasse l'apparence. Dans l'épouse il y a l'âme. Elle va connaître l'union spirituelle. À cette heure, elle frémit, tant elle a soif de joindre son souffle à celui de l'époux. Elle a fait tant de place en elle, elle l'a tant désiré en travaillant sa terre à chaque pas. L'époux répond toujours car il se languit de l'épouse. Lorsque celle-ci s'ouvre à lui, elle connaît cette immensité dont les sens n'ont pas idée. »

À cette lecture je m'enthousiasmais. Le vide de la coupe n'était donc pas absence mais une autre présence que soi-même. S'il fallait se faire creux pour vivre cet amour, je voulais bien travailler à faire taire mes pensées. Le pèlerin lui aussi voyait avec d'autres yeux. « Je souhaite plus que tout m'unir moi aussi, sentir l'amour infini. – Tu baignes dedans, révéla Conscience, mais tu ne le sens pas, ton cœur est obscurci. Tu ne vois que le petit bout de ton nez. Patience et tu goûteras l'autre réalité. »

Une autre vision surgit dans la page à une nouvelle image et s'offrit au regard du pèlerin comme au mien. Trois hommes faisaient couper leurs cheveux en applaudissant de leurs mains. Chez les religieux d'Orient et d'Occident, la tonsure était la marque d'un même détachement des désirs terrestres. Bernard de Clairvaux disait fort joliment qu'elle était le signe que « Dieu a toit ouvert sur le cœur ». Le pèlerin était dans la confusion. Il ne comprenait pas l'empressement des hommes à venir se faire tondre. Mais Conscience éclairait toujours le voyageur. « Vois, lui dit-elle. Ces hommes ont franchi tous les degrés de l'amour. Laisser leur chevelure signe le renoncement à leur ego. Ils ont trouvé une tout autre jouissance que celle de la matière. Ils n'ont plus qu'une envie, celle de se faire plus vastes et plus vides pour s'unir encore à l'absolu. – Je veux aussitôt couper chacun de mes poils, répliqua le voyageur en faisant mine de s'arracher les cheveux. – Je te souhaite de connaître ce moment, dit Conscience, mais le temps n'est pas "éclos". Tu es trop plein de toi pour te défaire de ta personne. Apprends d'abord à te connaître vraiment. Ton esprit est une graine enfouie en toi-même. Pour le voir pousser, tu dois accepter de descendre dans ton ombre. Alors tu accéderas à une autre réalité plus vaste que ton petit enclos. Tu commenceras à tourner tes regards vers le haut et tu sortiras de ton obscurité. Tu vivras désormais sous la lumière du jour. Tu aimeras autrement jusqu'à être l'amour. Tu seras fils de Dieu. »

« Connais-toi toi-même » : cet adage socratique que les Grecs mettaient sur le fronton de leurs temples était la parole favorite de mon ami Jean. Il levait son index vers le haut, me rappelant qu'il ne fallait jamais oublier le reste de la phrase dont il savourait chaque mot : « et tu connaîtras l'univers et les dieux. » Décidément entre Conscience et mon ami il y avait un lien mystérieux. Que ce soit l'échelle, la tourelle, un homme ou une femme, il fallait monter.

15

À l'image suivante, le voyageur paraissait moins impatient d'obtenir tout de suite ce que demande le temps. Sous le contrôle de sa conscience il acceptait d'être petit. Je le voyais progresser à chaque nouvelle image car il portait à la place de sa pèlerine des vêtements aux couleurs symboliques, le rouge vif de l'Esprit, le vert de la renaissance, le blanc de la pureté. Elles étaient signes de son état de grande inspiration. Et puis, au détour d'une page, tout se modifia. Il reprit son habit de voyage devant son ange qui levait sa main vers le ciel.

Je ne comprenais pas cette atmosphère d'alerte et leurs visages fermés alors que se tenaient à leurs côtés deux êtres souriants. L'un était l'être cornu assis sur son trône. Il avait dans sa main droite une lance gigantesque qu'il confiait à l'homme debout devant lui. Ce dernier portait une clef également disproportionnée. Cette nouvelle peinture me semblait à première vue accessible. J'avais déjà rencontré la lance au début de l'histoire, dans la main de l'ange de la porte. Elle gardait l'entrée de la forteresse. L'arme transperçait, pénétrait avec force au cœur des choses. Le moine Guillaume la désignait comme un glaive tranchant. Le symbole évoquait en moi l'étonnante tapisserie du château d'Angers où le Christ de l'Apocalypse tient dans sa bouche un long glaive. Celui-ci désignait la puissance de la Parole de Dieu, le pouvoir de l'Esprit pénétrant la matière. Le signe de la clef parlait de lui-même. L'objet était aussi grand que la porte qu'il devait ouvrir. À n'en pas douter c'était la clef de la connaissance, celle qui figure sur les armoiries papales, celle qui est dans les mains des statues de saint Pierre, celle dont parle Dante, qui ouvre les portes du paradis et révèle les grands et les petits mystères. La clef était le signe du mystère à percer, elle pouvait ouvrir le ciel. Alors, pourquoi un tel atermoiement dans les traits de Grâce de Dieu et que voulait dire ce geste de défiance adressé au pèlerin ? Qu'avait-il découvert de si dangereux ?

Je plongeai dans le texte et j'entendis un son lancinant semblant provenir d'une viole. Elle disait la souffrance de l'ange gardien. « Petit, soupirait-il, tu ne devrais pas être là. Tes yeux ne peuvent saisir l'essence d'une telle initiation. – Pourtant je vois, répondait le pèlerin, et je sais que le glaive de l'homme cornu me donnera pouvoir d'entrer dans la cité. – Le glaive est une arme puissante. Pour pouvoir la manier il faut détenir la clef de la connaissance, que tu ne possèdes pas. Aujourd'hui le danger serait grand qu'elle ne se retourne contre toi. Celui qui tient une telle arme dans sa main a affronté ses ombres. Le glaive est pouvoir de l'Esprit et vérité. Il faut savoir être face à soi pour le porter et ne pas craindre son fil tranchant. »

Quelle était donc cette puissance qu'il fallait apprendre à posséder ? Je n'avais rien à faire d'un pouvoir de superhéros, je voulais découvrir un chemin d'évolution. À défaut de réponse je poursuivis le récit.

Grâce de Dieu en appelait à la lumière de Conscience qui, pour son soulagement, s'éveilla aussitôt. À l'image qui suivit, la petite femme en bleu apparaissait en haut d'un pupitre et pointait son index pour enseigner le voyageur et tous ceux qui voulaient l'écouter. Elle était en colère contre le pèlerin et le traitait durement. De tous les noms d'oiseaux qu'elle lui donna, je ne retiens que sa constance à vouloir le guider. Il se remit, penaud, sur le chemin de vie et jura de ne plus l'oublier. Mes yeux s'accordèrent au rythme du voyageur et je tournai la page.

À la nouvelle peinture, je vis de nouveau l'homme cornu qui tendait au pèlerin une lettre cachetée. J'écoutai, impatiente de découvrir le sens de la scène. « Le voyage est long, disait l'homme sage. Le temps au début te sera contraire. Tu voudras le presser. "Accepte" est la clef que tu cherches. La terre est une forge, chacun doit passer par son feu. Il ne brûle que celui qui le fuit. En acceptant chaque flamme, chacune des expériences auxquelles la terre te soumettra, tu deviendras libre, dépouillé des trop-pleins que ton ego réclame. Prends cette lettre, elle contient la parole de paix. Garde-la sur ton cœur, elle te protégera de toi-même en te rappelant que tu n'es pas matière. » L'homme cornu disparut, nous laissant seuls avec l'héritage de ses mots.

Le temps m'était contraire, j'en convenais aisément. Je ne pouvais comprendre son rythme trop lent, trop resserré, toujours en désaccord avec le mien. Rien ne venait jamais assez vite ou bien trop rapidement. Cela n'allait jamais vraiment ! Comment allais-je vivre, moi qui ne suis qu'impatience et emportement face aux événements ? Comment pouvait-on se soumettre devant ce qui paraît inacceptable ? Cette paix-là me semblait hors de portée, elle relevait de la foi des saints, autant dire de surhommes et de surfemmes. Et, je dois bien l'avouer, je n'en étais pas une. Le temps avait toujours été un ennemi. Et les fracas que m'infligeait la matière me mettaient hors de moi. Les accidents, les inconforts du quotidien et ses contraintes que nous subissons étaient des peines à répétition, sans parler des plus grandes souffrances !

Le voyageur m'attendait. Il savait le poids de ma résistance. Il avait marché avec tant d'autres lecteurs. Mais son regard à chaque fois était neuf. Aussi, sans comprendre ma méchante humeur, il se remit en route en me lançant d'un air malin : « Si tu veux, prends ma lettre de paix. Je crois bien que tu en as besoin. » Mon pèlerin avait pris soudain la figure de Jean et je l'entendais presque me dire à travers le papier : « Apprends à contrôler tes émotions. Apaise-toi. »

16

J'avais encore l'esprit boudeur en avançant. Mais, découvrant la nouvelle image, tout changea. Une grande équerre d'or reposait sur un petit mont vert. L'objet de charpentier était une vision tellement insolite qu'elle me fit sourire. Jamais je n'avais vu une telle peinture qui relevait plus d'une vision abstraite que d'un manuscrit du Moyen Âge ! Les artistes de l'époque avaient la faculté de laisser librement filer leur imagination sans brider leur main. Les marges enluminées étaient emplies de visions étranges qui faisaient éclater nos limites sensorielles. Les créatures à deux têtes, les objets humanisés, les lettres zoomorphiques, les têtes des monstres à jambes côtoyaient les plus charmants entremêlements de fleurs sauvages, d'oiseaux, de papillons. Cette exubérance de vie était extraordinaire en soi, mais lorsque les peintres l'associaient à l'enseignement des symboles, le résultat était éblouissant.

Le sens de l'équerre d'or restait un mystère à dévoiler. Je restais imprégnée de la sensation de modernité de cette enluminure sans âge, étonnamment proche de nous. L'objet était l'instrument des bâtisseurs, mais que fallait-il construire dans le récit ? En cherchant dans les miniatures du XIIIe siècle, je trouvai de multiples représentations de Dieu vu comme le grand architecte de l'univers. Le corps penché sur son ouvrage, le Créateur au visage grave traçait la forme du monde, muni d'un compas ou d'une équerre. Je m'approchais du sens. Le compas formait un cercle, signe du ciel. L'équerre était plutôt vouée au carré, signe de la terre, et servait à tracer des angles droits. Elle était signe de rectitude, d'ordonnance. Celle de l'enluminure me frappait par son aspect central, solide. Ses deux montants épais montraient deux directions, horizontale et verticale, donnant l'impression d'un parfait équilibre. En observant mieux, je vis trois motifs à chaque extrémité, des sortes de broderies noires, insolites sur un objet de cette sorte. J'avais beau m'approcher de l'image, cet aspect restait confus. Mais j'avais la solution à mon problème.

Lorsque Mme Pollet mit sa loupe dans ma main, elle me dit d'un air entendu : « Il y a une équerre, dites-vous, elle doit être bien précieuse pour être toute dorée ! » Décidément, j'aimais de plus en plus ma conservatrice, qui m'ouvrait sans le savoir les portes de l'interprétation. L'équerre d'or devait être un symbole particulièrement important pour figurer seule sur ce petit mont qui formait au-dessous d'elle comme un piédestal. En observant l'objet plus en détail, aidée de la fameuse loupe, je fus stupéfaite de voir sur son montant horizontal, non une broderie comme je l'avais pensé, mais une lettre. Un « P » apparaissait sur l'extrémité gauche et à droite un « A ». « PA » ne voulait rien dire en soi, mais quand mes yeux filèrent jusqu'au sommet du montant vertical, le « X » qui était inscrit me donna la clef du mot *pax*. Que venait faire la paix sur cette équerre ? Par quelle circonstance extraordinaire le monde s'entendait-il pour que je freine la turbulence de mes pensées ? Jean, comme le voyageur, m'incitait à l'apaisement. Et maintenant cette équerre !

Le pèlerin appuyé au tenant vertical méditait. Il me dit : « Regarde le patron de l'homme parfait. » Je fus si surprise de cette remarque que je fermai le manuscrit d'un geste sûrement trop brusque aux yeux de Mme Pollet. Elle s'empressa de venir aux nouvelles et, devant l'exposé que j'en fis, elle me dit d'une manière catégorique : « On ne construit pas un homme avec une équerre, on bâtit des monuments.

– Et si nous étions un monument, madame Pollet, si l'homme était une cathédrale ? »

Devant l'air interloqué de ma conservatrice, je développai mon propos. Les flèches gothiques vertigineuses avaient toujours suscité mon admiration. Les bâtisseurs de cathédrales étaient des maîtres maçons férus de symbolisme. Les lieux sacrés n'étaient pas construits pour exprimer simplement la beauté des pierres, mais se révélaient de véritables livres d'enseignement. Ils s'élevaient vers le ciel, inscrivant un chemin, une voie d'évolution que l'homme devait suivre. Nous devions nous construire comme ces cathédrales avec les mêmes outils.

Le signe de l'équerre s'éclairait. L'outil servait à tracer des angles droits. Il exprimait la rectitude à laquelle l'homme devait tendre. Les deux montants désignaient merveilleusement la complexité de l'humain, ses deux aspects. L'horizontal représentait le corps, la matière, et la verticale était signe de l'Esprit. Nous étions une équerre. Le corps était notre montant horizontal, une base que nous devions rendre solide pour bâtir notre verticalité, développer notre esprit, et nous élever vers le ciel comme la flèche d'une cathédrale. Mais pour cela, il fallait équarrir la pierre de notre être.

« Accepter » : ce mot de l'homme cornu revenait à mes oreilles. Passer par la forge de l'expérience terrestre. S'adapter à cet état d'incarnation avec tout ce qu'il impliquait de frustrations, de petites contrariétés, de joies trop éphémères, c'était l'unique voie. Il fallait être incarné sans en être dupe, ne pas jouer le jeu des roueries de la terre. Prendre part sans s'identifier, pour laisser l'esprit s'épanouir en soi. L'équerre était d'or, aussi précieuse que notre esprit. Elle reposait sur une montagne verte à la couleur du renouveau. Nous étions appelés à naître une seconde fois.

Le symbole parlait en moi clairement, si naturellement que je n'avais pas remarqué l'air métamorphosé de la conservatrice. Elle avait troqué son petit air soucieux contre un enchantement que je ne lui connaissais pas. Elle m'encouragea de sa voix chantante : « C'est lumineux ! » Et elle ajouta pour bien me faire comprendre qu'elle ne s'éloignait pas : « Je reviendrai. »

Le pèlerin m'attendait. L'ange était auprès de lui. Je découvrais une autre image. D'un coffre de bois clair, Grâce de Dieu tira une bourse ourlée de clochettes d'argent qui firent entendre un son cristallin. « Elles sont gravées tout spécialement, dit-elle en les agitant devant l'oreille du voyageur. Elles te rappellent qui tu es, ta part d'esprit. Vois comme elles résonnent à chaque mouvement. Souvent dans ton action, lorsque tu oublieras l'essentiel de la vie, leur tintement te le révélera. »

L'ange passa la bourse à l'épaule du voyageur et lui tendit un bâton qu'il prit dans sa main. Ces deux objets, je le découvris, étaient les emblèmes de tous les pèlerins. Ils faisaient partie d'une panoplie caractéristique. À la tenue composée de la robe, du manteau court tombant sur les épaules appelé « pèlerine », et du large chapeau de feutre, s'ajoutaient le bâton que l'on nommait aussi le « bourdon » et la bourse dite l'« escharpe » car elle se portait en bandoulière. Cet aspect était une garantie de reconnaissance qui ouvrait au voyageur la porte des hospices et celle des hommes en général. J'appris avec étonnement que le Moyen Âge était une époque de nomades. Un nombre considérable d'individus se retrouvaient sur les routes. La foi du temps poussait au départ, enseignant que la terre est un lieu d'exil sur laquelle l'homme est étranger. Toute la Bible en témoignait : « Quitte ton pays », disait Dieu à Abraham, « Suis-moi », proposait le Christ aux hommes. *Peregrinus,* « pèlerin » en latin, désignait par son nom même un « exilé ». Partir de chez soi, je le sentais bien, était symbolique du cheminement intérieur que nous devions entreprendre. Il fallait prendre le risque de laisser notre confort, nos habitudes, pour aller chercher ce que nous sommes en vérité. Les pèlerins le savaient. Certains historiens décrivaient la vie du temps comme celle d'« éternels voyageurs ». Les chevaliers, les étudiants en marche vers leur université, les paysans, les clercs, les moines gyrovagues, les pèlerins, les voleurs, toute une humanité était sur les chemins.

Dans les écrits des moines, les voyageurs étaient nombreux. Au Xe siècle, Odon de Cluny parcourait la Gaule en tous sens ; au XIIe siècle, Bernard de Clairvaux traversait l'Europe sur une mule ; jusqu'au XVe siècle, chacun s'en allait le plus naturellement du monde d'Angleterre à Saint-Jacques-de-Compostelle, d'Aurillac à Reims, de Vich en Catalogne à Ravenne ou à Rome. Les vrais aventuriers étaient ceux qui franchissaient les frontières de la Chrétienté ! Les voyages étaient pourtant dangereux. Ceux qui partaient n'étaient pas sûrs de revenir vivants tant il y avait un risque de subir les attaques des bandits ou des bêtes sauvages, loups ou chiens errants.

En revanche, la sécurité matérielle bénéficiait d'une organisation précieuse. En découvrant les dispositifs mis en place, j'avais l'impression de lire un guide de vacances de notre époque. Depuis le Xe siècle, l'on avait pris soin pour faciliter le cheminement des voyageurs de restaurer le réseau routier. Les anciennes voies romaines demeuraient d'excellentes voies de circulation, mais elles avaient été ruinées par les invasions. Des ponts avaient été bâtis et l'on assurait l'hébergement des pèlerins dans les monastères, les hospices, les auberges, dans lesquels ils étaient nourris, logés, soignés et parfois, malheureusement, enterrés. Des guides de voyage donnaient tous les renseignements sur les itinéraires. Je découvris que *Le Guide du pèlerin de*

Saint-Jacques était un vrai succès. Cet engouement pour les pèlerinages avait augmenté pendant les XIIIe et XIVe siècles pour s'atténuer progressivement au siècle suivant. Les hommes alors étaient devenus sédentaires et les nomades considérés désormais comme des « vagabonds », des « maudits ». Mais à l'époque du manuscrit, la passion des voyages demeurait. Une liturgie spéciale sanctifiait le départ du pèlerin. Un religieux bénissait ses emblèmes, le bâton et la bourse. S'il revenait vivant, il confiait ces derniers, comme des trophées, au sanctuaire de son choix.

Le voyageur remercia Grâce de Dieu et s'apprêta au départ. Pourtant, à la peinture suivante, il n'avait pas fait un pas. L'ange lui tendait toujours son bâton, comme si l'image s'était arrêtée. Je prenais le temps. Mes yeux allant d'une miniature à l'autre, quelque chose m'intrigua. Les longues tiges végétales du fond ornemental s'étaient transformées en arabesques éclatantes de grands rinceaux doués de vie. Quelque chose s'était mis en mouvement avec le passage du bâton. Je plongeai dans le texte et entendis à nouveau la voix de Grâce de Dieu. « Ce bourdon est ton épée spirituelle, enseignait-elle. Elle te protégera de tes doutes et de tes égarements, ces mauvaises rencontres que tu auras à vivre à l'intérieur de toi. Garde-la toujours dans ta main, c'est le signe de ta lumière. » Je souris, me disant que je possédais moi aussi un bâton de lumière pour me guider dans la vie, mon ami Jean.

Le pèlerin reprenait son chemin mais l'ange le retint. « Encore une chose, petit. La terre est une matière difficile. Si tu n'y prends pas garde, elle t'anéantira. » Le voyageur commençait à s'impatienter. Il désirait faire le chemin au plus vite et joindre la cité. Toutes ces précautions lui semblaient inutiles et son ange trop « maternant ». Mais sans prêter attention à ses pensées, Grâce de Dieu le mena à l'image suivante devant une perche sur laquelle étaient posées des pièces d'armure. Elle lui tendit la première, un pourpoint rembourré, à laquelle elle associa une tunique de mailles soigneusement forgée. Le pèlerin accepta de se harnacher mais s'emballa : « À quoi vais-je ressembler dans cette armure ? Je ne pars pas faire la guerre, je vais faire le voyage de la vie. – Il s'agit du combat le plus redoutable que tu auras à connaître car il faudra te battre contre toi-même, dit l'ange gardien soucieux. Ces armes sont des forces que je te donne en protection. Le pourpoint est celui de Patience, il te permet d'encaisser les coups. Ceux qui te seront donnés ne sont rien en face de ceux que tu te donneras. Tes pulsions et tes réactions te feront souffrir et te mettront au tapis pour longtemps. Avec l'armure tu résisteras. Tu prendras du recul parce que tu seras plus fort. »

J'aurais tant aimé posséder le pourpoint de Patience ! Devant l'air maussade du voyageur, j'avais envie de lui dire de me donner ce qu'il tardait à consentir. Mais je devais forger moi-même cette arme qu'on lui donnait. Heureusement, Jean était là pour me guider. Lui aussi m'incitait à la patience.

Un jour où je me plaignais de la lenteur de mes progrès, il me fit cette remarque : « Chaque jour est un commencement. Tu n'es qu'au début de ton évolution. Mais tu ne monteras pas avant de descendre en toi-même, en ayant exploré tout cet espace confus et parfois douloureux de ton vécu passé. Tu dois être persévérante. Les obstacles qui se présentent sur ta route sont toujours ceux que tu peux franchir, même s'ils te semblent difficiles. La vie t'aide toujours à te dépasser. »

Je revins au manuscrit. L'habillement du voyageur se poursuivait. À l'image suivante, l'ange l'aida à passer la gorgerette et le casque, mais le pèlerin l'arrêta en disant : « Je ne peux plus avaler ni parler, tant ces armes enserrent ma gorge et je suis aveuglé par le heaume. – Le monde où tu vas mettre les pieds est une illusion. Mais son attraction est si forte que souvent tu seras happé. Tu te soûleras de mots, tu te gaveras de matière, tu ne seras jamais rassasié. La vie progressivement se retirera de toi. Tu seras mort sans le savoir. Ces armes te protégeront, elles t'incitent au silence intérieur. »

La patience et maintenant le silence ! Il fallait être au Moyen Âge pour le goûter. Dans le monde agité où nous vivons, où tant de voix se font entendre, de bruits aimables ou agressifs, comment le mot même pouvait-il encore exister ? Il fallait bien l'armure du pèlerin pour le trouver. Mais au moins pouvait-on ne pas participer au tumulte ambiant en établissant en soi cette paix à laquelle j'aspirais. J'étais prête à passer le heaume du héros, porter l'arme avec lui. Je fis silence en moi et poursuivis le récit.

Le pèlerin était devenu un vrai chevalier partant en campagne. La nouvelle image le montrait tout habillé des différentes pièces d'armure. Il fit quelques pas maladroits, mais très vite il ôta chacune d'elles en manifestant son contentement. « Ce harnachement est si pesant qu'il me faudra cent ans pour joindre la cité. Regarde comme ma pèlerine me donne de l'aisance. Mieux vaut voyager légèrement que démarrer lentement. » L'ange s'alarma de son inconscience mais, contrairement à lui, ne désarma pas et appela à son service une porteuse.

17

Je n'avais pas tourné la page que j'entendis un cri. « Pèlerin que t'arrive-t-il ? » demandai-je en examinant plus avant la nouvelle image. Une femme était apparue derrière le voyageur. Son apparence simple n'avait rien de particulier. Sa robe bleue et son bonnet blanc montraient la modestie de sa condition. Elle tenait au bout d'un long bâton toutes les pièces d'armure que le voyageur avait rejetées. Je distinguais nettement le pourpoint rembourré, la tunique de mailles et une longue épée. Qu'est-ce qui pouvait l'effrayer à ce point dans cette banale servante ? Je résolus d'avancer à l'image suivante et ma surprise augmenta. Le pèlerin marchait en compagnie de la suivante, comme si de rien n'était. « Cette fois, je suis parti. Ne perdons plus de temps, viens, presse-toi », me dit-il. Que s'était-il donc passé pour qu'il ait si vite oublié sa peur ? Je le laissai et repartis en arrière, décidée à percer le mystère du nouveau personnage.

Ce n'est pas la servante qui retint mon regard dans un premier temps, mais l'attitude du voyageur. Il se retournait vers elle. Son geste, je m'en souvenais, relevait d'un langage. Il devait dire quelque chose de précis, dévoilant une part de mon questionnement. Chez les historiens, j'appris que les personnages des miniatures n'étaient jamais représentés tournés en arrière, sauf à de très rares exceptions. Ils allaient toujours de l'avant, de la gauche vers la droite. Ainsi le passé était-il symboliquement sur la gauche et l'avenir sur la droite. Pourquoi le pèlerin avait-il peur de tourner la tête vers son passé ?

Je devais avouer que je n'aimais, pas plus que lui, me retourner. J'ai toujours eu envie d'aller en avant, persuadée que l'herbe est plus verte au-devant de moi. Ce sentiment est si fortement ancré que vieillir ne me fait pas peur. Au-delà, c'est toujours mieux. J'avais aussi remarqué combien le passé resurgit au détour d'un geste ou d'une parole, combien il savait me surprendre, douloureusement parfois. Comme à mon habitude, dès qu'une question m'envahissait sans réponse, je montais voir Jean. « Nous sommes comme une fleur de lotus, me dit-il. Pour s'épanouir elle se nourrit de la vase au-dessous d'elle. Le passé est notre terreau. Mais si tu restes à vivre dans la vase, elle te submerge.

Apprends de ton passé et laisse-le à sa place, il te nourrit. Si tu vis les yeux tournés vers lui, tu te noies. » Et il avait ajouté cette image que je garde toujours avec moi : « Deviens comme la fleur du lotus. Elle se nourrit de vase, mais ses pétales sont éclatants. »

En retrouvant le pèlerin, j'avais presque l'impression d'être à sa place. Nous devions apprendre, lui comme moi, à ne pas nous laisser envahir par les émotions du passé. Mais je n'avais toujours pas trouvé la clef de la mystérieuse servante. Je m'approchai plus près d'elle et une chose me troubla. Aucun trait de son visage n'était dessiné. Cette dame avait pour figure la face de la lune. Comment le peintre enlumineur avait-il pu commettre un tel oubli ? La réponse me fut donnée par l'image suivante, où l'étrange servante apparaissait à nouveau avec un visage blanc sans yeux, sans bouche, sans nez. Je comprenais d'autant mieux la surprise du voyageur et le cri qu'il avait poussé. Mais comment pouvait-il partir à présent avec cette créature comme si de rien n'était ? Je plongeai dans la lecture et je l'entendis me dire : « Cette dame se nomme Mémoire. Grâce de Dieu l'a appelée près de moi pour m'aider durant mon voyage. Elle porte mes souvenirs. Un bon petit ballot d'expériences et de connaissances dans lequel je pourrais puiser si besoin était, pour évoluer sur le chemin de vie. » Tout s'éclairait. Le voyageur se retournait vers sa mémoire passée. Cette dernière n'était pas l'incarnation de simples souvenirs d'enfance mais un passé fécond, la connaissance des Pères. Celle qu'avait transmise l'homme cornu au pèlerin, la sagesse des devanciers. Toute la Bible en regorge par la voix des prophètes et celle des apôtres. Selon sa culture et sa tradition, les védas, les poèmes soufis, les sources philosophiques, l'art peuvent transmettre une bribe de sagesse spirituelle qui fait écho en nous et nous enseignent en nous dévoilant.

En examinant un peu plus dame Lune, je découvris sa face cachée. Le miniaturiste avait dessiné les traits de son visage derrière sa tête. Ainsi regardait-elle toujours vers le passé !

Je restai un moment dans la contemplation du symbole dévoilé. L'image était fantastique et, sans y prendre garde, on pouvait passer à côté du merveilleux. Ainsi en est-il de la vie.

Le voyageur s'impatientait. Je repris sans plus tarder le chemin en sa compagnie et celle de Mémoire. Mais très vite je m'arrêtai. Cette fois, ce n'était pas de mon fait. Les personnages avaient disparu, laissant leur place au moine Guillaume qui s'immisçait dans l'histoire. La nouvelle image le montrait debout, enseignant une foule assise devant lui. Dans sa belle robe de bure à collerette blanche, il pointait un index aussi long que l'important message qu'il transmettait. Je savais que ce geste est une attitude d'enseignement. Il invite à être attentif, à regarder mieux et, même, à agir dans la direction donnée. Le moine Guillaume incitait avec conviction l'assemblée et la lectrice à ouvrir les yeux. Le récit prenait une autre tournure.

J'étais éblouie de cette liberté narrative qui se joue des règles habituelles pour le seul profit de celui qui apprend du livre. En quittant le moine, je contemplai encore sa magnifique oreille dont le volume, hors norme, était fait pour que je la regarde. Elle était à l'image de l'écoute dont je devais faire preuve. Je redoublai de vigilance.

La nouvelle image me fit retrouver le pèlerin. Il était arrêté dans sa marche par un vieil homme courbé sur un bâton. Le drapé de son vêtement gris, les volutes des plis de son chapeau et sa belle barbe blanche me semblèrent charmants, tout comme au voyageur qui le héla joyeusement. Et pourtant quelque chose me troublait dans cette apparence. Le bâton sur lequel il se tenait campé était bien trop massif pour un simple tuteur et sa couleur jaune vif devait être un indice. En consultant mon code symbolique des couleurs, je confirmai mon impression. Le jaune au Moyen Âge jouissait d'une mauvaise réputation. Généralement, chaque teinte a deux pôles, l'un positif, l'autre négatif. Ainsi le rouge, symbole de vie, peut devenir un signe de colère selon le contexte de l'image.

Mais pour la première fois, le pigment jaune faisait l'unanimité contre lui. Dans les icônes d'Orient, le jaune « trouble » ou pâle suggérait la trahison ou l'orgueil. Et les peintres d'Occident appelaient la couleur le « glauque », elle était signe de félonie.

L'homme se mit à parler rudement, tout s'éclaira en moi. Lorsqu'il apprit que le voyageur était à la recherche d'une cité spirituelle, il s'en prit à lui. Et lorsque ce dernier lui conta la rencontre avec son ange et sa conscience, cette histoire lui parut un charabia grotesque. Tout ce qui existait était sur la terre, un point c'est tout. Il avait l'assurance de certains hommes lorsque les rides les creusent un peu. Le jeune voyageur était troublé. Moi-même je réfléchissais. Et si tout cela n'était qu'un rêve ? Ce manuscrit n'était qu'un bon roman à la sauce médiévale, une époque où l'on croyait aux fées, aux lutins, aux archanges et aux chérubins. Dans quel sortilège m'avait-il emportée, moi, une fille plutôt concrète, vivant au XXe siècle ?

Chaque jour je me hâtais de rejoindre un pèlerin qui me faisait marcher dans ses pas. J'avais perdu la raison dans cette bibliothèque, et personne dans cet univers d'un autre âge ne semblait s'en être aperçu. Je refermai le livre, désemparée. Ma vie était devenue absurde. Je n'existais plus qu'à travers un vieux grimoire de plus de six cents ans. Je voulus tout arrêter, rompre le charme. Mais il me fallait dire au revoir au pèlerin. J'entrai au hasard dans les pages du manuscrit.

Le moine Guillaume se retrouvait devant moi à l'image où il enseignait la foule. Il m'incitait comme l'auditoire à méditer. J'avais vécu la première étape du chemin qui était préparation à bien faire son bagage, prendre l'essentiel et ne pas s'encombrer. Mais la vraie connaissance de la vie commençait maintenant si je voulais y prendre part. Je compris, et intérieurement remerciai le moine d'être venu à mon secours. Pour apprendre plus, je devais me donner au livre comme le livre m'offrait son essence. Faire un saut dans le vide. Je plongeai dans la suite du manuscrit et retrouvai le vieil homme du chemin.

À la nouvelle image, le pèlerin était toujours présent face à lui, mais il n'était plus seul. Conscience était venue à son secours. Placée entre lui et le vieillard, elle s'interposait en offrant des armes au voyageur. Symboliquement je voyais bien qu'elle parlait en lui, elle incarnait sa propre lucidité. J'avais hâte de découvrir ce qu'elle disait au vieil homme. À ma grande surprise, au lieu d'essayer de le convaincre de changer sa vision, elle riait. L'homme se radoucit et se confia. Maintes fois sur la route, il avait été déçu. Combien il s'était perdu dans les royaumes de l'illusion ! Désormais il ne se fiait plus qu'à sa raison. Elle lui dictait toute sa conduite. Grâce à elle, il évaluait et il jugeait de tout à sa mesure. Plus jamais il ne croirait ce que ses yeux ne voyaient pas.

« Tu jauges le monde à l'aune de tes pensées et tu enfermes l'univers dans tes schémas. Mais que te dit ton cœur ? lui dit doucement Conscience. – Je me méfie de mon cœur. J'ai été trop meurtri par sa faute. » Alors je vis la dame penchée vers le vieil homme lui chuchoter quelques mots à l'oreille. Je ne savais pas ce qu'elle disait, et l'image suivante ne m'en apprit pas plus. Elle lui tendait une grande lettre cachetée. Le pèlerin était toujours derrière Conscience, mais il ne pouvait rien me dire de la teneur du mystérieux courrier.

Curieuse, j'avançai à nouveau dans les miniatures. Un homme en rouge lisait la fameuse lettre. Je pouvais me douter de son identité, le voyageur ayant disparu. « C'est toi, pèlerin », lui dis-je, en contemplant son sourire. Derrière lui le fond ornemental s'était mis à vivre. De grandes roues d'or se dessinaient sur le fond rouge et s'épanouissaient en gerbes au-dessus de sa tête. Je savais que le fond des miniatures n'est pas un simple décor, mais un élément de langage. Sa présence même était un signe prévenant le lecteur qu'il n'était pas dans un récit banal mais dans un songe, autant dire dans une histoire plus réelle que le monde des apparences. Les rouelles, les carrés, les fleurs de lys, les damiers, les enroulements végétaux n'étaient pas mis au hasard, mais exhalaient un peu plus l'enseignement de la miniature. L'œil n'était pas tenté de fuir dans un paysage, un décor qui l'aurait distrait. Il était ramené à l'essentiel, la vie du personnage. Les motifs dorés donnaient des scintillements à la miniature comme autant de reflets de la lumière céleste. Les petites peintures n'étaient-elles pas appelées « enluminures » parce qu'elles illuminaient l'âme du lecteur ?

Dans sa robe éclatante, symbolique de la vivacité de l'esprit, le pèlerin rayonnait. Seul le vieillard n'avait pas bougé. Son corps s'était figé dans l'unique mouvement que je lui connaissais, campé sur son bâton comme sur ses positions. Il avait muré son cœur sur sa vérité froide et emprisonnante. « Écoute le message d'amour que je lis pour toi, lui disait le pèlerin. Sois joyeux, l'ami, comme je le suis moi-même. À quoi te sert-il de douter sans cesse ? En oubliant ton cœur, tu es devenu vieux et froid comme le glaçon. »

L'amour ! J'avais du mal à entendre le mot tant il a été galvaudé par des millénaires d'ignorants, de légers, de dépensiers. Moi-même, étais-je capable d'aimer vraiment ? « L'amour n'est pas un sentiment, c'est un état, me disait Jean. Commence par t'aimer, te respecter, accepte ce que tu es sans te juger, alors tu aimeras. » Il faut bien dire que je ne m'aimais pas beaucoup. J'avais toujours besoin de reconnaissance et cherchais dans le regard des autres un beau miroir dans lequel me refléter. Mais je voyais que cette quête était sans fin et insatisfaisante, un vrai tonneau des Danaïdes. J'étais bien comme ce vieil homme, un peu glaçon. Je n'aimais pas suffisamment, j'attendais encore trop de l'autre. Mais j'étais prête à écouter et à changer ma vieille peau.

Dans le manuscrit, Conscience, près de l'homme âgé, essayait de faire fondre ses glaces de rancœur et de frustration. Je compris que l'amour est un choix et son refus aussi. Il est si facile de tomber dans la critique, le rejet, la haine. Le corps usé de l'homme sur le chemin était le reflet de son être intérieur. Une vieille peau voilait son esprit. Celle dont parlait Paul dans la lettre envoyée à ses frères de Colosses. Il les encourageait à « se dépouiller du vieil homme » pour « revêtir le nouveau, celui qui s'achemine vers la vraie connaissance en se renouvelant ». Mais le personnage de la miniature n'avait aucune envie de changer. Il résistait à Conscience, menaçant de s'en prendre à elle si elle poursuivait son discours. Son arme jaune était la manifestation de son esprit acariâtre et mauvais. Je ne pus m'empêcher de sourire en l'entendant s'adresser à celle-ci comme à un être vivant : « Obstination, criait-il à son bâton, donne-lui un coup. » Il n'eut pas besoin de mettre sa menace à exécution. Sur le chemin de la conscience, l'homme est libre.

L'image suivante parla d'elle-même. Conscience s'était détournée de lui. Elle laissait le vieil homme maugréer à l'encontre de la terre tout entière, libre de ne jamais aimer. Elle enjoignit au voyageur de passer son chemin, ce qu'il fit aussitôt en m'appelant à sa suite. Je tournai la page avec soulagement.

18

Quand le voyageur se fut éloigné suffisamment, il rappela Conscience et voulut apprendre d'elle. « Je sens bien, lui dit-il, que mon corps est ma partie visible et que je possède aussi une âme que je ne vois pas. Où se trouve-t-elle, dans quelle partie de mon anatomie a-t-elle trouvé refuge ? – Ton corps est une maison, enseigna Conscience, ses fenêtres, sa porte et toutes ses ouvertures sont tes sens. Ils te permettent d'appréhender la réalité de la matière, de conduire ton être incarné. Mais tu n'es pas ce corps. Sans ton esprit au-dedans il n'y a aucun conducteur, pas de vie. Ta carcasse est inerte. »

Nous avons une âme, de cela j'ai toujours été persuadée. Ce n'est pas le fruit de mon éducation, c'est une intuition profonde. À la mort de ma grand-mère, je l'ai sentie près de moi. J'avais vingt ans. Un cancer a mangé une partie de son corps puis s'est répandu inexorablement.

Les médecins n'ont pas pu arrêter la course du mal, elle non plus. Pendant plusieurs semaines j'allai la visiter dans cette campagne d'Orgeval où j'avais passé des temps marquants de mon enfance. Retrouver la grande maison et le jardin-œuvre d'art de mon grand-père était toujours un moment merveilleux, malgré l'incongruité du lit médical qui trônait à présent dans le salon. Je retrouvais les odeurs intactes, les pommes de la grange, les brassées roses, orangées, pourpres des dahlias, les plants de carottes, l'humus du fumier. L'heure n'était plus à l'exploration infinie de l'enfance, mais à celle comptée de la mort. Elle vint nonchalamment, en bouffant patiemment les entrailles, le cerveau de grand-mère Marguerite. Le corps abandonna toutes ses fonctions, se vida de sa chair, elle partit. Elle laissa ses enfants déjà vieux comme des petits désemparés et son époux dans l'impuissance de son chagrin. Ma mère, déconcertée, avait assimilé mon autorité naturelle à cette force qu'elle venait trouver auprès de la sienne. Cela ne fut pas facile pour une jeune femme sensible d'être tout à coup une référence, la mère de sa mère. Heureusement ma conscience était endormie. Il m'est resté une trace de douleur qui m'a appris à relativiser les événements de la vie. Marguerite était morte mais sa présence m'enveloppait, s'imposait à mon esprit sans violence, sans éclat, sans manifestation. Elle était là simplement. J'avais été moins bouleversée par sa mort que par la peine et le désarroi qu'elle laissait derrière elle. Je m'étais interdit d'être triste puisqu'on me voulait forte. Est-ce pour cela que son esprit me visita ? Aujourd'hui, je l'accueillerais mieux en priant pour que son âme se dégage de la terre. Mais à vingt ans, j'étais engluée dans un mal-être que je vivais silencieusement. Au fond, j'étais aussi morte que Marguerite.

Au moment de rencontrer Jean, mon corps était comme anesthésié. Je n'aimais pas cette machine qui demande sans cesse de l'entretien. Si j'avais pu l'oublier ! « Reviens dans ton corps, m'avait-il dit au cours de nos premières rencontres. Celui qui ne descend pas ne montera pas. En refusant les aspects matériels, tu nies ta condition d'incarnation. Nous sommes ici pour faire l'expérience de la terre, sans jamais oublier que nous existons en dehors de notre corps. Celui-ci est un gant dans lequel l'esprit se glisse. Tu dois habiter ton corps, aller au fond du gant. »

Lorsque je repris le manuscrit et le fil de l'histoire, les paroles du pèlerin firent écho à ce que je ressentais : « Mon âme est en moi, gémissait-il, elle est en moi et je ne la sens pas. Elle ne fait aucun bruit. » Conscience lui dit : « Sans elle tu n'es pas. » Et, pour bien lui faire comprendre cette chose essentielle, elle plongea le voyageur retour dans sa chair et se crut en prison. Conscience veillait. « Tu dois accepter d'être dans cette enveloppe, l'habiter et faire vivre l'esprit en elle. Lorsque tu auras épuisé toutes les cartes de ta destinée, tu pourras laisser la chair à la poussière. Tu auras vécu et tu récolteras le fruit de toutes tes expériences d'incarnation. »

Il reprit la route en traînant sa carcasse comme un sac trop lourd. Pourtant, à l'image suivante, je le vis tout rayonnant sur un chemin ascendant. L'air semblait doux. Le printemps avait mis dans les champs des flopées de fleurs odorantes et d'herbes à peine levées. La vie sur terre avait des attraits que pouvait lui envier le paradis. Il retrouva le sourire et l'allant. J'avoue que je respirais moi aussi. J'avais retrouvé mon pèlerin. La vision de sa mort et de sa petite âme volant dans le ciel haut m'avait émue plus que je ne saurais dire. Ne plus vivre à son contact et le voir essayer de contourner la vie avec ses petits tours était une perspective de vide que je ne pouvais affronter. Le voyageur était en moi, je l'aimais. Je le suivis à la prochaine image.

19

Au-delà du chemin droit, la route se scinda en deux bras. Il était impossible de savoir lequel conduisait à la cité sacrée. « Comment choisir le bon ? » se disait le pèlerin. Deux personnages occupaient l'entrée des deux chemins, chacun sur une image. Le pèlerin alla pour les interroger en dirigeant ses pas vers le premier. « Holà ! dit-il à la jeune fille assise dans l'herbe qui caressait un chiot blotti sur ses genoux. – Holà et bienvenue », répondit celle-ci en laissant échapper un petit rire aigrelet. Ce dernier ne la quitta pas lorsque le voyageur demanda s'il était sur la bonne voie. « Toutes les routes mènent à Rome, dit celle-ci, mais certaines sont plus faciles que d'autres. La mienne est la plus simple. Tous ceux qui l'empruntent s'y amusent beaucoup, à tel point qu'ils oublient la longueur du voyage. Lorsqu'ils arrivent au but, ils sont généralement tout surpris. » Le pèlerin salua la jeune personne en promettant de revenir et dirigea ses pas vers la seconde voie. « Je t'attends, lui cria-t-elle, alors qu'il s'éloignait, j'ai tout mon temps. Je n'ai rien d'autre à faire. »

Sur l'autre miniature, le deuxième personnage était une figure traditionnelle du Moyen Âge, un paysan au travail. Leurs images peuplaient les vitraux des plus grandes cathédrales, où l'on pouvait les voir à la tâche, semer, récolter, tuer le cochon, tirer le vin. Leurs actions marquaient le rythme des années en offrant un véritable calendrier de chaque mois. Je connaissais bien le symbole qu'il incarnait, la valeur du travail. Le travail avait été pour moi une fuite, une négation. J'oubliais le temps si juste du repos que les juifs nomment le Shabbat. Le temps gratuit qui nous ramène à l'essentiel de soi, nous permet la distance sur les envahissements de l'existence. J'avais rendu négative l'action qui est bonne en soi. On ne peut pas toujours s'absenter de sa vie, on ne peut pas toujours échapper à soi-même, au risque de souffrir.

L'époque du Moyen Âge avait mis le travail à sa juste place et concevait la tâche non comme une servitude, une corvée de chaque jour, mais comme un moyen de se libérer. Œuvrer était aussi nécessaire et vital que se nourrir. Une question d'équilibre et de contentement à se donner. La terre faisait suer sang et eau, mais elle offrait en retour au centuple.

Le paysan était en train de rempailler une natte pour occuper ses doigts. Son visage était penché sur l'ouvrage comme il est coutumier dans les représentations. L'image était banale, mais quelque chose d'inhabituel attira mon attention. Derrière l'homme, de grandes lettres de l'alphabet tapissaient le fond de la miniature. Jamais en parcourant les pages du manuscrit je n'avais vu un tel ornement. Il ne relevait pas de la fantaisie de l'artiste, je le savais, mais d'une connaissance dont il me fallait découvrir la clef. Je réfléchissais en regardant le pèlerin s'avancer vers le paysan. Ce dernier restait concentré sur sa tâche sans prêter un regard au nouveau venu. Son côté bourru me fit sourire. J'avais moi-même à faire, je me concentrai sur les lettres d'or. Leur matière scintillait sur la couleur rouge du fond, leur donnant une présence exceptionnelle qui n'était pas due au hasard. Il y avait un lien entre les lettres et le paysan, mais lequel ? L'écrit étant le travail des moines copistes, je décidai d'aller voir dans leur direction si je pouvais trouver quelques pistes.

Ma recherche me donna la réponse que je cherchais et bien plus. Les mots de Pierre le Vénérable, un grand moine du XIIe siècle, furent pour moi providentiels. Dans sa sagesse légendaire, il comparait les moines copistes à des « laboureurs de parchemins ». Dans les sillons tracés sur les pages des manuscrits, ils jetaient les grains de la Parole en dessinant les lettres.

Leur plume remplaçait la charrue. Le travail d'écriture était très éprouvant physiquement. Il demandait une énergie que l'on ne soupçonne pas. L'atelier des copistes était un lieu de peine demandant une concentration de chaque instant, et c'est pourquoi il était considéré comme un chemin de perfection. Se tenir debout tout le jour devant son pupitre ou assis sur un escabeau sans dossier, le dos courbé sur l'ouvrage, l'encre gelant au bout de son calame, réclamait effort. Je repensai au travail de la terre qui demande tant. Mme Pollet, toujours penchée sur ses écritures délicates, savait-elle qu'elle était une laboureuse de ville ?

Les témoignages des moines sont très touchants à quelque six cents ans de distance. D'autant plus qu'ils figurent le plus souvent dans les marges des manuscrits, comme en aparté, une parole de souffrance qui aurait échappé de leurs bouches. « Faites attention à vos doigts, ne les posez pas sur mes lettres. Écrire est une corvée écrasante qui vous coupe le dos, vous brise l'estomac et les côtes, vous obscurcit la vue. Prie donc, ô mon frère, toi qui lis ce livre, prie pour le pauvre Raoul serviteur de Dieu, qui l'a transcrit tout entier de sa main dans le cloître de Saint-Aignan. » « Lecteur, retiens tes doigts, prends garde d'altérer l'écriture de ses pages. L'homme qui n'exerce pas la calligraphie ne soupçonne pas le mal que nous nous donnons. Autant le port est doux au navigateur, autant la dernière ligne est douce à l'écrivain. Trois doigts tiennent le roseau, mais son corps entier travaille. » Presque tous les moines se plaignaient de la dureté de l'épreuve. Ainsi, le travail de l'écrit demandait autant de soi que de labourer le sol. L'image du manuscrit le signifiait, reconnaissant la même place à l'œuvre manuelle qu'à l'intellectuelle.

Le second chemin était celui de l'effort sur soi-même. Il demandait de s'y mettre tout de suite. C'est ce que le paysan expliqua au pèlerin en répondant à la question de son orientation. Il ne connaissait pas d'autre système pour s'en sortir. Il fallait tout donner de soi pour avoir une chance d'entrer dans la cité.

20

Je vis le voyageur reculer. Devant la rudesse du paysan et de sa révélation, il préféra s'échapper. Libéré, il retourna prendre la voie de la facilité. La jeune personne était toujours à l'attendre. Elle vendait du rêve, une vie fantasmée, sans implication. La réalité avait bon dos. Avec elle, on passait son temps à la fuir. En l'observant en train de caresser son chien sans autre perspective, elle me faisait songer à une belle endormie en attente d'un baiser pour l'éveiller. Dans les contes de fées, le prince charmant déjoue tous les périls pour sauver sa belle. Il symbolise l'action. Il escalade les à-pics, traverse les abîmes, tue sorcières ou dragons pour délivrer sa princesse emprisonnée. Mais personne ici ne venait libérer la jeune fille.

Dans le monde réel, nous sommes responsables de nos endormissements et de nos éveils. Il faut soi-même se dégager des torpeurs où nous plonge la matière, devenir le prince. Mais la jeune personne préférait dormir. Elle était le symbole de l'inconscience qui tient l'être dans une sorte de léthargie sans qu'il ne soupçonne rien de son enfermement.

Plus je la regardais et plus j'avais le sentiment que nous dormons tous, moi la première. Mais depuis que j'avais rencontré Jean, je sortais progressivement de mes limbes. Cette gangue tissée de mon passé, de mon émotivité et de mes frustrations, qui m'entourait sans le savoir, se relâchait. Les prises de conscience qui marquent des étapes de l'évolution étaient souvent ressenties comme des réveils. « Tiens, je n'avais pas vu cela ! », « Tiens, mais comment je ne m'étais pas rendu compte de ceci ! ». « L'évolution, me disait Jean, est un détachement. On vient ici pour s'alléger et, la plupart du temps, on se charge davantage. » La vie n'était pas un chemin de conservation mais de transformation sur lequel on laissait tomber des lambeaux de vieilles peaux que l'on croyait à tort être soi.

Le pèlerin n'était pas prêt au travail de la conscience. Il choisit l'apparence de la facilité et se mit sur la voie du « laisser-faire », celle de la jeune fille, en oubliant le paysan. Pour la première fois la décision du voyageur me semblait une lourde erreur. Je sais que l'on n'est jamais heureux de ses propres léthargies. J'ai eu la chance, petite, de me rendre compte comme certains sont « empesantis » dans un quotidien subi plutôt que vécu. J'ai aussi pu observer comme les frilosités devant l'action génèrent des souffrances. Celui qui n'accomplit pas ne donne pas sa mesure. Il macère dans ses pensées, vit à moitié de ses capacités. Nous ne sommes pas sur terre pour être dans l'à-peu-près. Ainsi mon ami Jean m'avait-il invitée à devenir fleur exhalant mon parfum, non pas à moitié, mais jusqu'à l'effondrement de mes pétales. Cette vie-là valait le coup. Je comprenais tout le bienfait d'entreprendre, faire l'expérience, sans rester à stagner dans les fantasmes d'un lendemain imaginaire.

En reprenant le cours du manuscrit j'avais peur pour mon pèlerin et mon impression se renforça en voyant apparaître l'ange gardien à l'image suivante.

Grâce de Dieu criait au pèlerin de se sauver mais celui-ci semblait ne pas la voir. Encore un de ses tours, me disais-je inquiète, car on ne pouvait ignorer la présence céleste. Elle sortait la tête d'un hublot dentelé, une espèce de soleil bleu. Dans l'urgence elle perçait l'espace matériel comme on perce une toile pour y faire entrer le ciel. Sa tête était grosse comme une planète. Comment pouvait-il la dédaigner ? Sans relâche, l'ange continuait de le mettre en garde, évoquant le danger de son choix. Le pèlerin s'arrêta enfin dans sa marche et fit mine de l'entendre. « Belle dame, lui dit-il, pourquoi tel empressement ? Comment pourrais-je me perdre lorsque tu es près de moi ? Où vois-tu un péril ? La terre me semble si belle et tous tes encouragements à me protéger s'évanouissent en moi tout naturellement. Depuis que je marche sur cette voie je me sens bien. »

L'inconscience n'est pas désagréable en soi et il peut paraître plus aisé de continuer à dormir que de faire l'effort du réveil. Sur le long terme, l'équation « On verra bien demain, cachons nos yeux et nos oreilles » s'avère très douloureuse. J'ai observé l'angoisse de ceux qui s'aperçoivent de leur coma lorsqu'il est trop tard et que la vie s'achève. « Trop tard » : cette idée m'a poussée à agir parfois de façon désordonnée. J'avais souvent l'impression de ne pas avancer assez, de ne pas me donner suffisamment. Là encore, Jean trouvait les mots et ses images parlantes dont il a le secret. « Regarde la nature, m'avait-il dit doucement un jour où cette lenteur faisait couler les larmes sur mes joues. Tout prend du temps. La graine qui sort de terre reste longtemps dans le sol à se décomposer. Elle doit s'extraire de son enveloppe pour germer, avant de donner une pousse verte qui sort du sol. Et toi, tu voudrais être différente !

– Non, je veux bien être une petite pousse, mais je n'aime pas trop rester dans la terre, lui avais-je répondu.

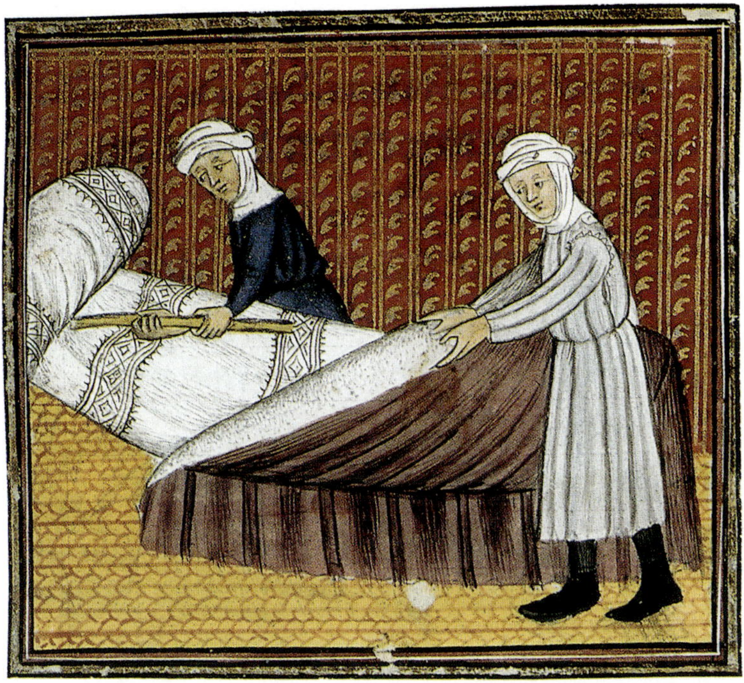

Deux simples femmes refaisaient un lit à l'aide d'un long bâton de bois pour tirer sur le drap. Cette image quotidienne, sans château, sans atours, me toucha de manière incompréhensible...

Le moine Guillaume reposait sur un lit de feu qui rayonnait de l'ardeur spirituelle.
Devant le personnage, un grand miroir hors de proportion, aussi large que la vision qu'il donnait, reflétait une vaste cité fortifiée...

L'ange gardien de la forteresse était conforme aux représentations habituelles. Pourtant quelque chose de singulier m'alerta. Je m'étais focalisée sur sa lance, j'avais oublié l'essentiel, ses ailes vertes...

Une femme se présenta devant le voyageur. Elle se tenait déhanchée comme une déesse indienne. Ses pieds plantés au sol, longue silhouette touchant le ciel, cette dame ressemblait à une statue-colonne de reine de la cathédrale de Chartres...

Le sens de l'équerre d'or restait un mystère à dévoiler. Je demeurais imprégnée de la sensation de modernité de cette enluminure sans âge, étonnamment proche de nous...

Les longues tiges végétales du fond ornemental s'étaient transformées en arabesques éclatantes de grands rinceaux doués de vie. Quelque chose s'était mis en mouvement avec le passage du bâton. J'entendis à nouveau la voix de Grâce de Dieu. « Ce bourdon est ton épée spirituelle » enseignait-elle...

« Cette dame se nomme Mémoire. Grâce de Dieu l'a appelée près de moi pour m'aider durant mon voyage. Elle porte mes souvenirs. Un bon petit ballot d'expériences et de connaissances dans lequel je pourrais puiser si besoin était, pour évoluer sur le chemin de vie »...

Dans sa robe éclatante, symbolique de la vivacité de l'esprit, le pèlerin rayonnait. Seul le vieillard n'avait pas bougé. Il avait muré son cœur sur sa vérité froide et emprisonnante. « Écoute le message d'amour que je lis pour toi », lui disait le pèlerin, « En oubliant ton cœur, tu es devenu vieux et froid comme le glaçon »...

Il gisait dans l'herbe les yeux fermés, son bourdon près de lui. « Sors de l'écorce inerte, lui dit Conscience. Qui t'empêche de voler au-dessus de toi ? Regarde-toi tel que tu es ». Alors je vis un minuscule enfant nu sortir du corps sans vie...

Le paysan était en train de rempailler une natte pour occuper ses doigts. Son visage était penché sur l'ouvrage. L'image était banale mais quelque chose d'inhabituel attira mon attention. Derrière l'homme, de grandes lettres de l'alphabet tapissaient le fond de la miniature...

Deux femmes se tenaient devant lui. Leur laideur, je m'en doutais, reflétait moins un physique qu'un état intérieur. La première portait l'autre sur ses épaules comme un curieux cheval. Elle tenait dans sa main une glace donnant en reflet une image trompeuse de la beauté qu'elle n'avait pas...

Le corps du pèlerin était tourné vers la terre, son habit enroulé autour de son corps comme un linceul. Sa main pendait tristement, vide de son bourdon. La tête du voyageur reposait lourdement dans sa paume, signe de sa pesanteur. Tous ces aspects trahissaient un parfait effondrement. Pourtant, ses yeux étaient tournés vers le haut...

« Regarde ! L'œil du sommet. Il verse des larmes sur ta peine. Je les garde pour ton bain ». Le pèlerin leva la tête vers le haut du mont et découvrit l'œil ouvert incrusté dans la roche...

C'était une grande mer qui arrêtait le pèlerin dans sa marche. Comment allait-il continuer sa route ? Certains avant lui avaient manqué de patience. Les personnages nus étaient en train de se noyer, sans espoir d'en réchapper. L'être en vert et la figure bleue étaient des anges venus à leur secours...

« Qui t'empêche de voler au-dessus de la mer ? », lui demanda Jeunesse. « Mes ailes me portent vers le ciel. Grâce à elles, je te mènerai à celle qui te délivrera de toute pesanteur. Monte sur mes épaules et je te porterai à travers les airs »...

À mesure qu'elle approchait de lui, Mort devenait plus belle. Il contemplait maintenant les traits si doux de son visage. Et, voyant son sourire radieux, il espérait que la dame se penche un peu plus vers lui. Il la voulait toute proche, il la désirait. Alors, dans un sourire, Mort laissa courir sa faux et sépara son âme de son corps.

– Patience, mon petit, il faut du temps avant que le subtil émerge de l'épais. Tu dois descendre en toi et connaître l'ombre pour la dépasser, faire qu'elle devienne lumière. Tout le monde passe par le même chemin. La Bible dit : "Tu arracheras ta vie à la sueur de ton front." Chacun doit arracher son esprit à la matière. La matière physique et la matière psychique faite de nos pensées, de nos pulsions, de notre passé. Accepte ton destin et tu feras naître en toi la lumière. Tu en seras maîtresse. Sois consciente. »
Mon pèlerin n'était pas sur ce chemin-là. Impatiente de savoir la suite de l'histoire, je tournai la page.

La nouvelle miniature me redonna espoir. Conscience se tenait devant le pèlerin, essayant de créer dans son jeune esprit un sursaut. Mais il ne voulut pas l'écouter et la tint en retrait. Son visage s'était fermé et je voyais sa bouche se tordre dans un reproche qui ne laissait aucune place au dialogue. Le sens de la peinture était net. Intérieurement, il préférait s'aveugler.

Pourtant la menace ne tarda pas à apparaître. En abordant l'image suivante, je vis une femme armée d'une bêche qui lui enserrait les pieds de sa corde. « Regarde, cria sa conscience qui avait repris place en lui, tu es perdu. Ils sont toute une armée que tu devras combattre pour ne pas succomber. Te voilà jusqu'au cou plongé dans le pays des vices. Je t'aiderai du mieux que je peux, mais auras-tu la force de m'entendre ? »

Je m'arrêtai, déçue. Le péril devait être bien grand, je plaignais le pèlerin, mais je ne me sentais pas concernée par son combat. Le « pays des vices » sonnait à mon oreille de manière vieillotte et dépassée. Ce langage me paraissait ingrat, un bâton brandi par des curés d'un autre âge. Il s'était retourné contre eux en armant la main des parangons de l'athéisme. Mais qui était concerné dans le monde d'aujourd'hui ? La « liberté » des mœurs avait tout emporté de ce combat d'arrière-garde. Pourtant, entre une morale rigide et un trop grand laisser-aller, je constatais que l'homme s'enfermait dans un même système où il n'était pas plus libre ni plus heureux. Nous avons besoin de valeurs morales pour vivre ensemble, nous avons besoin de limites pour maîtriser nos actes, les faire fructifier dans un sens juste et bon. J'avais la sensation que nous devrions être à l'image de la Création des premières pages de la Genèse biblique. Dans le tohu-bohu, l'informel et le vide, Dieu donne naissance au monde par sa Parole. Il crée une ordonnance, séparant les eaux d'en haut de celles d'en bas, il fait le ciel et la terre, limitant les eaux qui envahissent la terre, il permet au sol de s'assécher et d'accueillir la présence végétale, animale et humaine. Cet ordre est bon parce que, grâce à lui, la vie émerge et se déploie dans sa diversité. L'enseignement de la Bible me semble symbolique du cheminement que nous devons accomplir. Les eaux aussi nous recouvrent, celles de notre inconscient. On s'y noie souvent. En plaçant des limites, en canalisant les pensées qui ont tendance à nous submerger, on trouve un chemin sec sur lequel on peut marcher et avancer.

En regardant à nouveau la miniature, je me disais que, peut-être, il fallait approfondir ce que le moine Guillaume voulait m'enseigner. Mais, quoi qu'il m'en coûte, j'étais bien décidée à fermer le livre si je découvrais le moindre relent de bigoterie. Je me mis à chercher dans les nombreux ouvrages d'histoire du Moyen Âge.

J'appris que l'antique bataille des vices et des vertus était un traité du poète Prudence datant du Vᵉ siècle. La *Psychomachie* avait connu un beau succès. Toute la tradition des Églises d'Orient et d'Occident l'avait évoquée pendant des siècles ! Le Moyen Âge l'avait mis à l'honneur, mettant en exergue le fameux combat, source d'édification. Grâce à lui on nous avait empoisonnés avec une morale du bien et du mal oubliant souvent l'amour au profit de sa loi. Je ne comprenais toujours pas l'intention du moine Guillaume. Que voulait-il m'apprendre d'essentiel en reprenant cette tradition ? Je ne pouvais me contenter d'un copier-coller de sa part.

L'auteur du *Pèlerinage de Vie Humaine* était bien trop avancé pour se contenter de plaquer une morale rigide à la place d'un véritable enseignement, celui qui pousse à se transformer au lieu d'imposer.

Je décidai de faire confiance à Guillaume et de me remettre en question en écartant tous mes a-priori. Il fallait remonter le temps, retourner aux sources du christianisme. Les siècles avaient peut-être galvaudé en l'infantilisant par sa moralité une clef d'évolution ? Cette intuition me mena jusqu'aux écrits des Pères du désert. Dès les premiers temps chrétiens, ces derniers ont, par leurs expériences du chemin de vie, découvert bien des subtilités des mécanismes humains. La psychologie leur doit beaucoup peut-être sans le savoir ! J'étais sûre de trouver auprès d'eux une piste. C'est Évagre le Pontique, un anachorète vivant au IVe siècle, qui m'apporta la réponse que j'espérais. Ce n'est sûrement pas un hasard si son nom contient le mot « pont ». Il m'ouvrit un passage et je me passionnai pour sa vie donnée follement. Du fond du désert où il s'était retiré pendant quatorze années jusqu'à sa mort, dans son expérience de dépouillement, le sage s'était approché du cœur du monde. Il l'avait entendu battre au rythme du sien. En le lisant, je découvris tout un enseignement d'évolution. Évagre avait conçu dans son monastère perdu de l'Égypte une véritable méthode pour résister aux agressions de l'ego. Au fil de ses mots, j'avais l'impression d'être dans un cénacle de psychologues d'aujourd'hui. Et ce que je lus me soulagea.

Évagre explique que les vices sont les pensées envahissantes. Ce sont des obstacles, des parasites qui nous divisent et nous éloignent de notre cœur, des « petits satans intérieurs ». Asphyxiés par l'assaut de nos raisonnements, nous étouffons notre part essentielle, notre esprit.

Cette explication du Diable me sembla autrement plus intéressante que le grand escogriffe sombre et sanguinolent que l'on agite parfois pour nous faire croire à l'enfer. Évagre me donnait la profondeur de vue que je cherchais et je sentais que le moine Guillaume était son fils spirituel. Peu importe le côté vétuste du nom de « vice », sa réalité était furieusement de notre époque. Le vice était une déformation du réel. Cette lutte-là valait le coup. Je retrouvai le chemin du manuscrit.

21

Le voyageur ne pouvait plus faire un pas. La femme qui derrière lui avait lancé sa corde enserrait toujours ses pieds. J'appris bien vite la nature de ce lien car le personnage se nommait Paresse. Elle poursuivait le voyageur, cherchant à le frapper de sa cognée. Les miniatures se succédaient désormais avec constance. Trois images de poursuite aboutirent à la chute du pèlerin. Je le vis gémir et s'affaisser dans l'herbe à la dernière miniature. Mais quelque chose d'étrange arriva. Au lieu de manifester une quelconque frayeur, il souriait. Statique, la corde autour du cou, il ne repoussait pas la femme qui s'affairait à le dépouiller à l'endroit de son cœur. J'avais envie de lui crier de réagir. Mais il se laissait faire car il avait succombé à la paresse. Se rendait-il seulement compte qu'il était à terre ? Il s'enfonçait dans sa léthargie, sans conscience. J'avais lu dans les Pères du désert que le cœur est le lieu de l'Esprit. Ce symbole, je le découvris ensuite avec émerveillement, est une constante dans de nombreuses traditions, qu'elles soient chrétienne ou soufie. L'inconscience dans laquelle était tombé le pèlerin était bien plus périlleuse que le pire des cataclysmes physiques. On ne se doute pas du tombeau que l'on creuse soi-même en se laissant ballotter au gré des sollicitations extérieures.

Une chose me réconfortait pourtant. Son bâton dans ses mains était devenu immense. Il reposait de ses pieds jusqu'au-dessus de sa tête, comme un tuteur redresse une plante. Cette longueur particulière, je le savais, n'était pas un hasard mais un enseignement. Le pèlerin ne semblait pas y prêter attention. Pourtant, le bourdon symbolique de sa lumière spirituelle n'avait jamais eu une telle importance et il était tout près de lui.

J'observai l'image avec plus d'attention à la recherche d'un détail qui m'aurait échappé. Je constatai que la prairie tenait une place inhabituelle. Sur le fond rouge ornemental, une large bande d'herbes vertes s'élevait sur le côté droit de l'image. Par ce simple motif, le peintre exprimait tout un langage. La présence de la vaste prairie ne relevait pas d'un désir de dépeindre la nature. La réalité du monde sensible n'intéressait pas l'artiste de l'époque. Les apparences visibles étaient une manifestation trompeuse propre à détourner l'homme de ce qu'il est.

Le paysage de la miniature était donc le reflet de l'état intérieur du pèlerin. Son importance montrait combien, à ce moment de l'histoire, le voyageur avait laissé le monde matériel prendre de la place en lui. D'un autre côté, la présence de la prairie qui s'élevait en pente douce me donnait de l'espoir. L'avenir, me disait le peintre par ce détail, était celui d'une ascension. Mais laquelle ? Comment le voyageur allait-il se réveiller ? Le fond rouge sur lequel se détachaient de petites roues dorées me faisait penser à un mécanisme d'horloge bien huilé. Quelque chose se mettait en marche. En observant encore, mes yeux tombèrent sur un curieux objet qui reposait dans l'herbe. C'était un ovale tressé avec un centre brillant. Je restai longtemps à le fixer sans pouvoir l'atteindre. Je cassai mon regard. Même la loupe de la conservatrice que j'étais partie chercher ne me servit pas. Je lui rapportai son précieux instrument, dépourvue de l'enthousiasme qui couronnait mes découvertes. « Non, madame Pollet, je ne trouve pas. Je dois abandonner.

– Pas vous ! s'exclama la dame d'un air de reproche. Ce n'est pas un petit objet qui va nous arrêter. »

Je rassurai la conservatrice de « notre » paresse passagère. J'étais bien comme mon pèlerin à me laisser tomber dans l'herbe à la moindre occasion. La forme ovale restait un mystère, mais je décidai d'avancer pour voir si la suite m'ouvrait une éclaircie.

L'image qui vint me sembla vieille. Je retrouvai Paresse enserrant les pieds du pèlerin comme au début de la scène. Le voyageur s'était redressé et marchait, malgré l'entrave, aidé de son bâton. Fallait-il me réjouir alors que j'avais l'impression de revenir en arrière ? « Ne vois-tu pas que je me dégage ? me dit alors le pèlerin en me faisant un clin d'œil. Paresse n'a plus de prise sur moi. J'ai trouvé le moyen de lui échapper. Sais-tu pourquoi je me suis redressé ? Je me suis souvenu de mon ange et l'armure protectrice s'est mise à briller dans l'herbe à côté de moi. Je me suis senti fort. »

L'armure de force ! Voilà l'objet que je cherchais. Comment le peintre voulait-il que je la reconnaisse et pourquoi l'avoir représentée ainsi sous cette forme ovale ? En revoyant l'image, je trouvai à présent qu'elle ressemblait à un petit miroir. Le pèlerin s'était-il vu en elle pour avoir eu la force de se redresser ? Il faudra que j'en parle à Mme Pollet, me dis-je alors que le voyageur m'exhortait à le suivre.

22

Sur le chemin de la vie, il s'était remis à marcher d'un bon pas. Mais très vite il s'arrêta. Deux femmes se tenaient devant lui. Je n'avais pas besoin de loupe pour savoir que leur rencontre n'était pas de bon augure. Leurs visages étaient déformés par des yeux globuleux, un menton en galoche, un nez busqué. Cette laideur, je m'en doutais, reflétait moins un physique qu'un état intérieur. La première femme portait l'autre sur ses épaules comme un curieux cheval. Elle tenait dans sa main une glace donnant en reflet une image trompeuse de la beauté qu'elle n'avait pas. Elle salua le pèlerin qui sembla satisfait de l'accueil. N'avait-il pas remarqué la laideur et l'étrangeté de l'équipage ? La cavalière, d'un coup d'éperon, fit taire la femme-cheval qui avait entrepris le voyageur et commença à parler.

Plus je la regardais, plus elle me faisait penser à une bête sauvage avec sa corne sur le front qui transperçait sa peau et l'encombrait de sa longueur. Je me doutais que celle-ci n'était pas une partie utile du corps comme dans le règne animal mais stigmatisait un état. J'en découvris le sens lorsque la femme se présenta au pèlerin. Elle le salua de son nom, Orgueil. Pour comble de malchance, sa compagne s'appelait Flatterie. L'une n'allait jamais sans l'autre car Orgueil se nourrissait des paroles toujours éloquentes et contrefaites de sa servante. J'avais pu constater comme ce piège se referme souvent même sur les plus « intelligents » d'entre nous. Comment me faire aimer ? demande l'héroïne dans *L'Apollon de Bellac* de Giraudoux. « Dites-leur qu'ils sont beaux », lui est-il répondu. Cette histoire-là était vieille comme le monde et ça marchait encore.

Orgueil avait dans les mains un tas d'objets étonnants qu'elle voulut troquer contre le bâton du pèlerin. Il remercia poliment en refusant ce qu'il assurait être de trop somptueux cadeaux. Je suivais le pèlerin dans son cheminement. Sa vigilance était en alerte et la mienne aussi.

Jean m'avait dit plus d'une fois : « Le véritable héroïsme, c'est l'humilité. L'évolution, ce n'est pas un coup d'éclat, c'est un travail obscur et quotidien. » Cette idée-là n'était pas la plus simple pour une jeune femme en mal de reconnaissance. N'ayant pas eu un regard de père suffisamment présent pour me construire, j'étais toujours en carence d'image, toujours en quête d'un miroir flatteur dans lequel me refléter.

« L'enfant a besoin de cette phase narcissique gratifiante pour développer sa personnalité, me disait Jean pour m'inciter à grandir. Lorsque tu seras en accord avec toi-même, tu n'auras plus besoin de cette couche d'ego. Tu seras libre intérieurement. »

En contemplant Flatterie et Orgueil, j'avais envie de les écarter à jamais de ma vie. Le pèlerin partageait sans doute mon sentiment. À cet instant le fanfaron se faisait tout petit. Il prenait la voie de l'humilité, la seule pour résister à cette rencontre. Il se souvenait de sa condition terrestre, terreuse. La Bible le dit dans la Genèse, évoquant la naissance de l'homme. Rien de formidable en soi, ni foudre, ni tremblement du sol, ni flots déchaînés ne président à notre venue. Nous sommes formés de boue, mais le Souffle divin pénètre pour nous donner vie. Cette description m'a toujours fascinée comme cette « poussière » que nous sommes appelés à redevenir. Dans l'incroyable fragilité de notre enveloppe d'argile, l'esprit habite et tend à croître. Cette image est sublime et l'on devrait y penser plus souvent. Celui qui a besoin d'être « le plus » a oublié l'« extraordinaire » de sa condition, mêlant la matière à l'éternité. Le pèlerin, lui, s'en souvenait et, grâce à cela, il résistait à l'Orgueil. Cette dernière n'était jamais en reste d'une ultime solution, le vice est tenace. Je voyais les images se succéder dans lesquelles la dame présentait toute une panoplie. À chaque image, un nouvel article. En la voyant j'avais l'impression d'un charlatan désireux de fourguer sa dernière camelote.

Orgueil offrit un soufflet, très pratique pour se faire la panse enflée. Mais le voyageur n'était pas la grenouille de la farce qui, voulant être grosse comme un bœuf, finit par exploser. Il marqua son refus. Dans l'image qui suivit, un cornet remplaça vite le premier objet. Il jouait aussi faux que les mots de Flatterie et n'eut pas plus d'attrait sur le héros vigilant. Orgueil n'était pas à bout de son bric-à-brac. Au fil des images, elle présentait tout et le reste comme ces éperons de seconde main. L'un avait appartenu à Adam, le premier homme, et le second au pharaon de l'histoire de Moïse. Mais le voyageur se disait que ces deux hommes du passé avaient dû enfourcher des montures bien fougueuses pour finir leur destin pareillement, par une sacrée chute, l'un du paradis et l'autre dans la mer Rouge. Il n'en voulut aucun. Je le vis dans deux autres images rejeter tout aussi bien une pelisse garnie de renard et le bâton jaune de l'obstination qu'Orgueil avait emprunté au vieil homme du chemin. Le pèlerin résistait. Au bel habit fourré que la terrible femme lui proposait pour contrefaire son apparence et paraître un saint, il préféra sa modeste pèlerine. Quant au bâton du pauvre obstiné, il n'allait pas retomber dans l'expérience passée. Son bourdon d'or n'était-il pas plus léger et plus souple comme peut l'être l'Esprit ? À chaque nouveauté que l'orgueil proposait pour le tenter, l'entraîner loin de lui-même, le voyageur refusait. Si l'homme a l'intelligence de sa mémoire il est protégé. C'est facile de le dire car je ne connais personne qui résiste à l'orgueil, du moins dans les premiers temps de son existence.

Le pèlerin était sorti du mauvais piège. Il avait accompli un grand pas sur le chemin de la vie. Mais je sentais qu'il n'était pas encore sorti d'affaire. L'expérience intérieure dont parle Évagre le Pontique, celle du piège de la pensée incontrôlée, n'était probablement pas achevée.

23

Mon impression se confirma à la vision de la nouvelle miniature. Un équipage de trois figures barrait la route du voyageur. Une femme à quatre pattes portait sur son dos deux autres personnes. Cette image insolite m'amusa par son côté grotesque et le jeu curieux qui se jouait là. Mais en regardant mieux le manuscrit, je finis de sourire. Les « enfants », qui chevauchaient le personnage à genoux, étaient deux femmes dont l'agressivité ne faisait pas de doute. L'une brandissait un couteau et l'autre pointait sa lance vers l'œil du pèlerin. J'avais l'impression, en regardant ce trio, d'une terrible bestiole ayant subi des manipulations génétiques. Je n'avais rien vu d'approchant dans l'art du Moyen Âge, mais je savais que la position à quatre pattes symbolise un aspect ridicule ou monstrueux, un signe diabolique. À voir le pèlerin reculer d'horreur, le choix était vite fait ! Lorsque je plongeai dans les lignes du livre, je découvris le nom de la porteuse, Envie. Elle tenait sur son dos ses filles, Trahison et Critique.

Les histoires mesquines ou terribles causées par la jalousie envahissent nos quotidiens. On souhaite ce que l'autre possède ou ce qu'il incarne. Depuis l'enfant qui veut la tartine de celui d'à côté jusqu'à l'adulte qui s'empare du pays voisin. L'envie et la destruction : on connaît trop le processus. L'histoire se répète sans relâche depuis les premiers temps de l'humanité. Nous traînons tous, plus ou moins, les influences cachées de Caïn, c'est un fait.

Je connais ce sentiment d'envie et l'enfer intérieur qu'il génère en soi en faisant perdre l'esprit. Adulte, il m'a prise à la gorge sans aucune raison que lui-même. La jalousie est restée lovée en moi une journée. Sans l'aide de Jean, je serais restée malade longtemps avant de reprendre conscience. « La jalousie, c'est la peur de perdre. Vois comme tu peux bâtir des craintes sur une illusion », m'avait dit mon ami pour enrayer le mal qui m'aveuglait. L'envie nous entraîne dans un fantasme et nous fait perdre pied avec le réel. Je l'ai vécu de façon fulgurante et je suis sortie du cauchemar. L'expérience fut nourrissante. Elle m'a appris la compassion à l'égard de ceux qui tombent à leur tour.

En observant la tête défaite du pèlerin, je comprenais ce qu'il vivait, mais cette fois je ne souhaitais pas partager cette épreuve avec lui.

La fille d'Envie visait avec sa lance les yeux du voyageur. L'enlumineur par ce simple geste donnait, je le savais, une clef d'enseignement. Mon souvenir de jalousie était suffisamment vivace pour savoir que le mal nous envahit par les yeux. La lance était symbolique du regard parasité par le désir. Lorsque l'envie pénétrait par la porte des yeux, elle dévorait l'espace intérieur de l'être englué dans sa fièvre.

Les deux figures armées de l'image disaient bien toute la férocité qui s'emparait de ceux ayant succombé à la femme à genoux. Pourtant quelque chose me frappa. Envie n'était pas armée. Aucune agressivité n'émanait d'elle. Elle était occupée à porter le poids de Trahison et de Critique. Cet aspect pesant était bien symbolique de ce qu'elle suscitait, je m'en doutais. Mais pourquoi ce sourire alors qu'elle était censée attaquer ? Je retournai au texte qui éclaira l'image d'une autre lumière. Envie possédait l'arme absolue, ses yeux. Les siens étaient comparables à ceux du basilic. Mais que venait faire cette merveilleuse plante aromatique dans la mauvaise odeur de la jalousie ?

Le basilic est appelé en Inde « herbe des dieux ». Il n'avait rien à voir avec nos petits satans intérieurs. Je laissai tomber la piste végétale et cherchai dans les bestiaires médiévaux la trace d'un animal oublié. Je ne fus pas longtemps sans trouver. Le basilic était une sorte de dragon que les encyclopédies de l'époque décrivent tel un serpent ailé. Il avait la particularité de sortir d'un œuf couvé par un crapaud dans du fumier. La charmante bestiole, disait-on, pouvait tuer d'un regard. Le symbole parlait de lui-même. Envie était comme mariée au basilic !

Si elle n'achevait pas sa proie de ses yeux, elle demandait à Critique, sa fille, de tuer par son langage. La terrible était prête à tout pour anéantir l'autre et obtenir son bien. Sous son regard le pèlerin était désorienté. Envie désirait prendre son bâton spirituel, sa boussole intérieure, pour mieux le dévorer. Le voyageur avait du mal à résister. Elle s'infiltrait en lui. Il devenait jaloux, avide de posséder tout et la terre entière. Il perdait pied. Je le vis concrètement car, à l'image suivante, il tomba une nouvelle fois sur le sol. Cette fois son bâton n'était plus dans ses mains, mais reposait sur le sol à côté de lui. Le signe était clair malheureusement. Sa lumière spirituelle ne l'éclairait plus comme avant. Je le voyais étendu, les bras croisés, tel un gisant. Il était comme mort et ne s'en apercevait pas. Ainsi, dans mon expérience de jalouse, j'avais connu l'enfer et j'étais aussi épuisée que mon pèlerin.

Que peut-on attendre d'un mort vivant ? Qu'il s'enfonce un peu plus bas dans cette inconscience. Le pèlerin ne fait pas exception. La nouvelle miniature ne me donna à première vue aucun espoir. Non seulement la situation du voyageur n'avait pas évolué, il était toujours couché dans l'herbe, attaqué par ses mauvaises pensées, Critique et Trahison, et une autre figure apparaissait à leur suite. Je n'avais pas besoin de grande lucidité pour m'apercevoir du caractère nocif du nouveau personnage. Il portait dans sa bouche une grande lame dentelée qui montrait sa voracité. Sur son côté pendait un sabre d'une longueur phénoménale.

J'avais besoin de souffler. J'étais un peu lassée de toutes ces attaques. Je préférais les miniatures baignant dans le scintillement de l'ange, la beauté de dame Lune. Pourquoi le voyageur avait-il choisi ce mauvais chemin et qui était encore cette terrible personne ? Le héros n'allait tout de même pas me faire vivre tout le catalogue du mal !

Cette pensée me travaillait. Fallait-il que l'homme fasse l'expérience de tout ce marécage ? Pourquoi certains tombaient dans l'horreur et d'autres non ? Je ne crois pas à l'excuse des circonstances. L'être est né libre d'agir dans le bien ou dans le mal, j'en suis convaincue. Ce choix se pose à nous à chaque souffle de vie et, il faut bien l'avouer, de la corde raide de la conscience nous tombons souvent.

Je revins à l'image avec l'espoir qu'un sursaut de conscience donne au pèlerin la force de sortir du pays des vices. En attendant j'observai plus attentivement le curieux personnage. « Vous avez trouvé ? » La conservatrice penchait sur moi un regard inquiet. J'avais du mal à lui répondre tant j'étais tout entière occupée à entendre ce que la miniature me disait. Je restai muette avant de réaliser, enfin, que je l'avais laissée choir à l'image de Paresse sans la tenir au courant. « Et ce curieux objet sur lequel vous butiez ? » me dit-elle avec un détachement qui cachait mal son impatience. J'informai Mme Pollet, qui s'exclama : « Vous voyez bien que j'avais raison de garder confiance. » Mais son regard fut bientôt happé par le curieux personnage du manuscrit. « Oh, le drôle d'habit !

– Ce n'est pas un vêtement, madame Pollet, mais son corps. Le personnage est nu. Les petits traits noirs qui le parcourent des pieds jusqu'à la tête sont des poils. »

Bouche bée, la conservatrice s'assit à mes côtés. J'avais vu suffisamment de tympans de cathédrale et de Jugements derniers pour connaître ce détail physique. La nudité et la pilosité excessive étaient réservées aux démons. Les élus du paradis étaient le plus souvent vêtus et glabres. Mme Pollet ne voulait plus quitter ma table sans connaître le nom du démon poilu. Alors, pour la première fois, je plongeai dans le texte en présence d'un autre et je lui fis partager ma découverte au rythme de ma pensée.

La lecture m'avait donné le nom du personnage, Colère. En plus de sa grande scie et de son sabre, elle tenait dans ses mains des cailloux qu'elle désirait jeter sur tous ceux qui se présentaient sur son chemin. Hors d'elle, elle voulait tout casser et entraînait le pèlerin dans son emportement, loin de lui-même. Avec sa peau velue elle me faisait penser à un fauve affamé. Elle représentait cette part animale qui nous habite et que l'on doit maîtriser pour ne pas en être l'esclave. Devant Mme Pollet, je creusai mon idée avec l'histoire biblique de Jacob et Esaü. Le récit, à mon sens, était empli des mêmes symboles. Il conte l'histoire de deux frères jumeaux. Esaü est couvert de poils, il représente la part instinctive de l'homme. Jacob est sa part spirituelle. Dans la lutte qui oppose les deux frères pour être le premier aux yeux de leur père, Jacob parvient à prendre le dessus. Symboliquement, il contrôle ses instincts. Lent processus d'évolution qui le mènera à se réconcilier avec Esaü, c'est-à-dire à faire la paix et l'unité en lui-même.

Mais en regardant Colère et cette grande scie entre ses dents, je pensai qu'elle désirait diviser, déchirer de ses crocs de fer tout désir d'unité en l'homme. Dans l'esprit du pèlerin elle y parvenait. Il demeurait à terre, abattu. La conservatrice se leva, l'air pensif : « Quand on est en colère, on n'est pas soi-même, on est hors de soi. » Sur ces mots, elle rejoignit son bureau à regret.

Une bonne nouvelle m'attendait en poursuivant ma lecture. Colère prenait moins de place dans l'esprit du pèlerin. Il revenait à lui. Quand l'assaillante voulut lui prendre son bâton de lumière, il se réveilla tout de bon comme d'un mauvais cauchemar. Sa conscience de nouveau en alerte, il se demandait pourquoi la gueuse voulait le déposséder d'un objet si précieux. Parce que c'est ton esprit et qu'elle souhaite te rendre esclave, me dis-je en tournant la page.

« Elle veut te mettre à jamais dans son ombre en te prenant ta lumière », me répondit en écho le texte. Je soufflai de contentement en découvrant la nouvelle image. Au lieu de voir une sinistre personne, Mémoire apparut. Je la reconnus aisément à l'absence de traits sur son visage de lune. Au lieu de la sobre robe bleue habituelle, elle portait une robe rouge de feu, signe de l'esprit, et un ample manteau somptueusement drapé sur ses hanches. J'avais envie de me mettre dans son vêtement pour y être protégée. Les images du Moyen Âge montrent de la même façon la figure de Marie enveloppant dans sa grande cape bleue toute une foule humaine. J'ai toujours aimé ce geste maternel dans le manteau-fortin. Dans les situations de peur, souvent cette image de coque protectrice me vient à l'esprit. Rien ne peut nous arriver lorsqu'elle nous abrite. Mémoire avait dû emprunter la précieuse pelisse de la Vierge !

Concentrée sur le personnage dont la présence me soulageait, je m'aperçus que j'étais passée à côté de l'aspect insolite de la miniature. La précieuse servante pointait vers le pèlerin un index d'une longueur digne d'une perche. Ce n'était pas le geste qui retenait mon attention. Celui-ci était suffisamment employé dans tout le manuscrit. Il désignait l'enseignement et la taille disproportionnée du doigt était à la mesure de la valeur du message délivré. En revanche le pèlerin se trouvait dans une situation des plus étranges. Au premier regard, on ne prêtait pas attention à sa position, couché sur le sol, tant celle-ci lui était malheureusement habituelle. Mais en observant mieux, il paraissait soulevé de terre en parfaite lévitation. Son bâton mesurait ici toute la longueur de son corps, faisant curieusement office de levier à son ascension. Pour compléter l'étonnante vision, les pièces de l'armure protectrice qu'il avait refusé de porter flottaient au-dessus de lui comme un souvenir lancinant. Le voyageur n'avait donc pas oublié les lumières du passé ! Mémoire était active à rompre son amnésie qui lui faisait traîner sa vie comme l'errant des chemins. Il se redressa et repartit sur la route.

Les pensées restent en place un moment sous l'effet de la vigilance retrouvée, mais une seconde de relâchement et elles sont de nouveau prises de folie, échappant au contrôle de la conscience. En reprenant le chemin avec lui, j'avais peur qu'il ne se trouve encore face à un autre diable.

24

La nouvelle miniature me déconcerta. Une femme devant le voyageur apparut. Avec ses nombreux bras, elle ressemblait à une déesse indienne, l'élégance mise à part. En l'observant mieux, cette image rapide de divinité disparut. Les mains du personnage étaient des griffes. Elles servaient à prendre, non à donner. Pour renforcer le symbole, parmi ses bras multiples, la figure agitait deux pattes de bête, des serres de rapace. J'avais l'impression d'un être hybride, une image déformée de l'humain. Cette femme était une espèce de gargouille dont la fonction est d'effrayer. Elle était harnachée de grands sacs et de coupes. En parcourant le texte, j'appris qu'elle occupait son temps à mendier auprès de ceux qui passaient sur sa route. Pour les attendrir et mieux les dépouiller, la terrible femme mettait en avant deux bouts de bras coupés qu'elle possédait au milieu des autres. Lorsqu'elle vit le pèlerin, elle tira une longue langue et saliva devant sa bourse, son bourdon, son habit.

Elle voulait tout de lui. Elle avait si grande peur de manquer qu'elle désirait sans cesse accumuler sans avoir jamais assez. Le pèlerin faisait connaissance avec Avarice.

En réfléchissant, je ne me sentais pas concernée par ce petit satan. Pourtant, j'ai vu comme la peur de manquer peut créer un réflexe avaricieux. Pour conjurer l'angoisse, l'on amasse et le désir de possession peut être sans fin. Avarice n'est jamais loin de nous. Le voyageur, lui, était plus confiant que moi. Il ne semblait pas redouter de se perdre. Il s'amusait de cette vision de fête foraine que l'étrange figure lui donnait. Je tournai la page avec dépit.

L'image suivante m'emmena loin de la déesse noire. Elle montrait un groupe d'hommes en armure devant un curieux bâtiment, les murailles d'un donjon hérissé de tourelles, parmi lesquelles une longue flèche d'église rouge. Cette dernière perçait le cadre de la miniature et s'élevait jusqu'au milieu des mots gothiques comme un accent de feu dans le noir de la lettre. Je souriais, pensant à l'extrême souplesse des enlumineurs qui privilégient toujours le sens à l'ordre supposé. Le Moyen Âge n'avait vraiment rien à envier à la liberté d'expression de l'art moderne.

Le bâtiment était placé sur un socle étrange en forme d'échiquier. Le signe se lisait facilement. Ce qui se jouait là était l'objet d'une bataille sérieuse. Devant cette scène, le voyageur reculait, mal à l'aise. Un des personnages en armure ne le quittait pas des yeux. La grande épée noire qu'il tenait en main ne serait pas longue à sortir du fourreau. À ses côtés, les autres soldats étaient concentrés sur le donjon. Le premier d'entre eux, un roi portant couronne, était vêtu de noir. Ce détail était une alerte. La teinte, symbole de mort, était peu employée dans les peintures du Moyen Âge. « Au secours ! me criait le pèlerin reculant jusqu'au cadre de l'image. Cette bataille n'est pas la mienne. Avarice m'a envoyé ici en apprentissage. Ce roi farouche est son gueux. Il guerroie sans cesse sous sa coupe pour la contenter. Le vice s'est emparé de son esprit comme de celui de tous ses soldats. Vois comme ils sont pris de folie, envoûtés par le désir de posséder ce qui ne leur appartient pas. Aveuglé par la convoitise, le cœur du roi est devenu sombre comme sa tunique. »

Le cruel souverain se trompait de royaume. Jean m'avait souvent parlé de ce monde d'illusions que nous pensons à tort être la réalité. « La terre est illusion, me disait-il, et nous vivons trop dans la fascination de ses apparences. Certains cherchent dans la terre ce qui est dans le ciel. Au lieu de monter ils s'enfoncent. La pousse qui ne sort pas du sol pourrit.

Accepte l'expérience de la terre, remercie de ce qu'elle t'offre mais ne t'identifie pas à elle. »

Le voyageur n'était pas comme le mauvais roi. Il ne voulait pas prendre part à ce vain combat. Il se souvenait que la force de l'épée est de savoir rester dans son fourreau. « Pourquoi veux-tu prendre cette cité paisible ? Les gens qui vivent ici ne sont pas tes ennemis ! » expliquait-il au noir souverain pour chercher à le raisonner. Mais, de raison, on ne peut en trouver chez l'homme qui est hors de lui. « Je souhaite être plus grand pour être respecté de tous », répondit le roi en avançant vers la cité convoitée. Le pèlerin ne répliqua pas, mais pensa en lui-même qu'il était bien triste de mesurer sa valeur à l'aune de ses possessions. Les biens temporaires pourrissent en terre tôt ou tard. Cette idée le sauva car aussitôt la bataille s'évanouit avec le roi fou, et il sortit des nombreuses pattes d'Avarice. Je marchai avec lui avec soulagement. Échec et mat, pèlerin, pensai-je, trop heureuse d'avancer à l'image suivante.

25

Ma joie retomba vite. D'autres mains attendaient le voyageur, pas plus aimantes que celles qu'il venait de quitter. Une nouvelle créature occupait le chemin. Elle avait autour du cou un grand sac dont le fond percé laissait passer ce qu'il contenait. Divers aliments écrasés s'en échappaient, formant une infecte bouillie se répandant sur le sol. L'odeur ne laissait pas de doute sur l'état avancé de leur décomposition. Et pourtant la femme s'en pourléchait avec délectation. Pour mieux se gaver, elle tenait près de sa bouche un entonnoir énorme qui lui permettait d'enfourner de gigantesques quantités. Son nez semblait avoir poussé au-delà de l'humain et il traînait dans l'immonde mélasse. Le plus effrayant du personnage était ses mains immenses et avides en forme de crochets. Elles visaient la gorge du pèlerin. L'assaillante finit par se nommer, Gloutonnerie. Le mal visait clairement l'organe de son élection. C'est par la bouche du pèlerin que la terrible créature s'infiltrait en lui.

En découvrant son nom je souris. Je pensai à cette vieille morale condamnant le délicieux plaisir d'être gourmand. Cet interdit d'aimer les bonnes choses données par la terre relevait d'une morale rigide. Je ne comprenais pas quelle était la valeur d'exclure le bonheur de goûter. Pourquoi ne pas être heureux de manger un morceau de pain chaud, un fruit gorgé de soleil, déguster un vin, fruit du travail des hommes ? Pourquoi ne pas éprouver un plaisir décuplé lorsqu'on le partage en compagnie d'un ami ? Dans la Genèse, au début du monde, Dieu plante pour l'homme le jardin d'Éden, y faisant pousser « toute espèce d'arbres séduisants à voir et bons à manger », autant dire des nourritures variées et qui donnent envie. Lionel Poilâne, un boulanger de notre époque, il y a quelques années, avait demandé au pape de retirer de la liste des péchés capitaux celui de la gourmandise. Si le vice est d'apprécier les joies de la vie, je crois qu'il a raison. Ainsi il est bon de jouir de la vie, se délecter de ce qu'elle offre. Ce bonheur-là est une célébration, le bonheur de participer à ce qui est.

L'image du vice se précipitant sur le pèlerin était là devant moi. Je voyais bien qu'il représentait une vraie menace. Le moine Guillaume devait donner ici un enseignement dépassant l'interdit du doigt dans la confiture ! L'évolution n'est pas dans la contrainte, je le savais, mais dans l'accroissement de la conscience. Je décidai d'oublier la confiture et retournai à Évagre le Pontique. Le moine dans son désert n'avait pas dû souvent participer à des banquets de Gargantua. De nombreux anachorètes se contentaient d'un peu de pain, certains ajoutaient des légumes, certains n'ajoutaient rien à rien car ils jeûnaient la plupart du temps. Ces privations excessives n'étaient pas du goût d'Évagre, qui prônait l'équilibre. Se nourrir étant lié à la vie, les macérations ou les débordements excessifs de la bouche révélaient le même problème d'oralité. Les psychologues aujourd'hui expliquent très bien comment les traumatismes de l'enfance, vécus lors de l'allaitement ou du sevrage et pendant toute la phase orale, peuvent créer à l'âge adulte des attitudes régressives dans des situations d'angoisse. La personne cherchant à tromper son anxiété ingurgite sans faim de grandes quantités de nourriture ou, au contraire, refuse de s'alimenter.

L'équilibre selon Évagre venait d'une maîtrise de soi et d'une prise de conscience que la vie n'est pas consommation mais communion. Du plaisir de manger ou de choisir un mets, le Père du désert ne dit rien. Sa société n'était pas celle de l'abondance d'aujourd'hui. Cela posait probablement moins de questions d'accomplir les gestes simples que demande le corps, le nourrir, le vêtir.

Les débordements de notre époque, l'avalanche de produits à disposition, les milliers de marques proposées nous entraînent dans cet état de « gloutonnerie ». Nous consommons sans le savoir, nous avons toujours faim de nouveauté, nous créons d'infinis besoins. Je tenais le vrai visage du vice. Gloutonnerie représentait notre avidité devant tout ce que la matière offre. Nous étions des éternels affamés se gavant constamment sans respect de notre nature. On avait même oublié le goût des choses et celui des autres ! Le spectacle de Gloutonnerie me faisait peur et j'avais hâte de quitter sa triste figure.

Le voyageur partageait ma hâte, mais je le voyais alourdi dans sa marche avec un aspect replet assez inhabituel. « Holà, me disait-il, attends-moi. Ne tourne pas la page trop vite. – Pèlerin, que t'arrive-t-il ? Ne vois-tu pas comme Gloutonnerie est laide ? – À faire peur, j'en conviens à présent. J'ai voulu trop lui faire plaisir et je me suis consumé quelque peu. J'en porte le poids. Mais en reprenant la marche, je vais m'alléger. » Et pour bien m'assurer de son choix, il me poussa à tourner la page. Ce que je fis sans hésiter.

26

À la nouvelle image je fus soulagée voyant que le pèlerin avait repris son allure. Ainsi, Gloutonnerie n'avait plus prise sur lui. Mais une femme chevauchant un porc s'avançait. Les petits diables continuaient à danser dans la tête du voyageur. C'est de cette façon qu'ils mettent à terre, endormant notre vigilance car ils tournent constamment autour de nous.

La personne était d'une grande laideur et tenait dans la main une tête superbe de femme portant hennin lui servant à paraître plaisante. Sa lance révélait son intention de mettre le pèlerin à mort. Elle pointait son arme en direction de son sexe. Le voyageur faisait connaissance avec Luxure.

Nous connaissons tous des exemples de don juan. Cette consommation-là est par trop fréquente pour n'être qu'un mythe. Dans les bras d'un séducteur, l'autre devient un objet dont il use et abuse. Lorsqu'il s'en lasse, le consommateur tourne ses regards vers une autre forme, un autre désir et le cycle recommence. Le désir n'est jamais assouvi. Je me suis toujours demandé, pour avoir observé les héritiers de Don Juan, comment ceux-ci trouvaient l'énergie pour butiner sans cesse en tous sens. L'amour m'a pris chaque instant de ma vie sans laisser de place pour l'ailleurs. Je m'y suis consacrée totalement comme une aventure de l'ultime dont je ne vois jamais les limites. La recherche du don participe de la connaissance de soi. Les traces d'égoïsme, qui ne manquent pas de surgir, sont toujours une occasion de lâcher prise sur ce qu'on croit être soi. L'amour véritable construit, la consommation est destructrice, pour le consommateur comme pour le « consommé ».

Le Moyen Âge, sur les tympans sculptés des cathédrales ou les vitraux, associait Luxure à un bouc qu'on affublait de tous les maux, lascivité, puanteur, débordements sexuels, impureté. Il était l'image même du Diable ou de l'homme pervers aux mœurs lubriques. L'animal était affublé d'un symbole sulfureux depuis l'Antiquité. En Grèce, Pan, mi-homme, mi-bouc, était le dieu lascif aux instincts débridés qui semait le désordre. Et Dionysos, un autre grand dieu bouc, était le subversif, le porteur d'ivresse qui entraînait le monde dans ses bacchanales. Dans la Bible, l'animal était le signe des démons, des satyres. Ce symbolisme explique probablement la cérémonie du bouc émissaire que l'on chargeait des péchés des hommes. « Aaron fera approcher le bouc encore vivant, conte le livre du Lévitique. Il lui posera les deux mains sur la tête et confessera à sa charge toutes les fautes des enfants d'Israël, toutes leurs transgressions et tous leurs péchés. Après en avoir ainsi chargé la tête du bouc, il l'enverra au désert sous la conduite d'un homme qui se tiendra prêt, et le bouc emportera sur lui toutes les fautes en un lieu aride. »

Pourquoi le bouc avait-il si mauvaise réputation alors que dans d'autres civilisations, comme celle de l'Inde, je trouvais un symbolisme opposé ? Le bouc est alors signe de feu, de force vitale et de fécondité. Au Moyen Âge, cette puissance de vie et l'aspect charnel qu'elle suscitait devait inquiéter ceux qui cherchaient à instaurer un certain ordre des mœurs. Le bouc était devenu l'emblème même du pécheur. Sur les jugements derniers, il était la figure du damné.

Le porc, comme l'image en témoignait, était l'autre signe associé à la luxure. Il représentait la voracité, la perversité et l'ignorance. Ce dernier caractère est un signe commun avec les Tibétains. Pourquoi le porc était-il considéré comme plus ignare qu'un autre ? Sans doute pour ce plaisir qui nous échappe généralement d'aimer la boue et la fange, reflétant ce côté obscur que l'on s'est empressé d'associer à la bête. L'odeur forte de l'animal, qualifiée de puanteur, tout comme celle du bouc, était également le signe du vice. Je décidai de suivre cette piste.

Le texte du manuscrit insistait trop lourdement sur l'aspect nauséabond de Luxure pour passer à côté. J'allai consulter le livre qui était devenu, au fil de ma recherche, le premier, la Bible. Moi qui ne l'avais jamais vraiment bien lue, j'aimais désormais ouvrir ses pages avec un autre regard pour trouver les symboles cachés dans les paroles. Plus j'avançais dans le manuscrit, plus le contact du Livre sacré résonnait en moi d'une façon nouvelle. En prêtant attention à l'aspect olfactif, je découvris combien la Bible embaume. Et, parmi tous les écrits, le Cantique des cantiques était le livre le plus parfumé. Les « montagnes des aromates », les vergers emplis de pommes odorantes, les vignes et les grenadiers en fleurs, les mandragores exhalant leurs parfums. Dans le merveilleux poème, la Bien-Aimée est à l'image du paysage. En répertoriant les effluves qui s'échappent d'elle, je disposai d'un véritable bouquet d'arômes : « narcisse de Saron », « lis des vallées », « parfum du Liban », « nard et safran », « roseau odorant », « cinnamome », « arbre à encens », « myrrhe », « aloès », les odeurs de l'épouse avaient de quoi enivrer son Bien-Aimé ! Le parfum était symbole de vie et sentir bon était comme une offrande, un don du meilleur de soi.

Je suis toujours fascinée par les histoires entourant les personnes saintes après leur mort. Nombre de récits relatent une même odeur persistante de violette ou de fleur qui flotte dans les airs. Le corps de certains a été retrouvé sans corruption, sans les odeurs épouvantables de décomposition. Comment est-ce biologiquement possible ? Un moine du monastère Sainte-Catherine au Sinaï, dont la vie, aux dires de ses frères, fut la sagesse même, laisse à la vue de tous, depuis des années, la trace d'une enveloppe corporelle intacte sans aucune corruption. Comment peut-on expliquer de tels phénomènes ? Le pourrait-on un jour, il subsistera cette énigme de l'élection qui touche certains êtres exceptionnels.

Si l'on en croit la Bible, Dieu lui-même sent bon. Dans le Cantique des cantiques, la Bien-Aimée, emplie du désir de l'époux, ne dit-elle pas cette phrase qui me chavire toujours : « Ranimez-moi avec des pommes, car je suis malade d'amour » ? Une odeur pouvait donc éveiller, nous tirer du sommeil.

Ces paroles évoquaient en moi un souvenir précis. Proust avait la nostalgie du goût et de l'odeur de sa petite madeleine, j'avais celle des cageots de pommes qui, dès l'automne venu, embaumaient la grange de mon grand-père. Cet enivrement d'enfant, je le connais toujours lorsque j'ai l'occasion de sentir le « nard » de la pomme.

La mauvaise odeur était signe de mort, du corps, mais aussi de l'esprit. Luxure puait plus que son porc. Elle avait réduit son corps à un moyen de consommer en oubliant qu'il est un temple. Pas une petite cabane, mais un Temple sacré. Cette image vient de Paul. « Ne savez-vous pas que vous êtes un temple de Dieu ? [...] Le temple de Dieu est sacré, et ce temple c'est vous. » Cette parole qu'il adresse aux hommes de Corinthe est pour moi limpide de sagesse. Elle m'a beaucoup aidée à prendre en considération ce corps que j'avais trop tendance à considérer comme une mule que l'on peut charger. Elle invite au respect de notre enveloppe, notre écrin spirituel. On ne mange pas n'importe quoi, on ne pousse pas son corps trop loin sans repos, on ne le laisse pas sans action. Le principe est si simple ! L'entretien de son enveloppe comme un bon véhicule, dirait la sagesse orientale.

Le principe de Paul me réjouit parce qu'il met le corps à sa place. Ce n'est pas un objet de vénération qui évite le danger de s'identifier à lui. Mais la chair n'est pas non plus méprisable car elle nous contient. Nous habitons en elle.

L'acte sexuel est sacré. De cela je suis persuadée depuis mon adolescence. Je ne savais pas pourquoi alors, je sentais qu'il ne fallait pas faire n'importe quoi sur ce plan. Les exemples autour de moi d'une grande liberté de mœurs me semblaient un gâchis de soi, non en vertu d'un moralisme étroit que je réprouvais de la même manière, mais d'une intuition profonde que nous ne sommes pas faits pour la dispersion mais la réunification. Le plaisir est divin parce qu'il donne l'oubli de soi. Et pourtant cette sensation de se fondre avec l'autre nous fait approcher au plus proche de nous-mêmes, comme si nous vivions des retrouvailles. L'acte sexuel symbolise l'unité de l'être. Et tout cela « est bon ».

Luxure n'avait pas un bon visage. Elle avait beau porter son masque de grande dame, je vis le pèlerin reculer dès qu'elle s'approcha de lui. Pourtant, dans le Voyage de la Vie, on s'aperçoit des choses parfois un peu trop tard.

Le pèlerin vacillait. Par leurs attaques répétées, les vices s'étaient immiscés en lui plus qu'il ne l'imaginait, en le détournant de la voie spirituelle. Les petits satans avaient avancé leurs pions. Les lumières de Conscience paraissaient bien lointaines au milieu de la nébuleuse de ses désirs.

À l'image qui suivit, je pus constater à quel point il chavirait intérieurement. Couché au sol, assailli de tous ses désirs voraces, il sombrait. Envie, Orgueil et tous les autres vices étaient en train de le dépouiller en occupant toute sa raison. Un mort vivant ! Sans qu'il s'en rende compte, la vie essentielle s'était obscurcie en lui. En le contemplant avec sa belle tête triste, je songeais à notre propre inconscience. N'étions-nous pas souvent à terre sans le savoir, terrassés par la nuée de nos pensées qui nous envahissent malgré nous ? Combien de fois avais-je entendu Jean m'inviter à réguler celles-ci. « La pensée incontrôlée est un piège, me disait-il, maîtrise-la.

– Je veux bien, Jean, mais je ne peux l'arrêter.

– Il ne s'agit pas de la refouler mais de la freiner pour que quelque chose d'autre émerge.

– Mais ma pensée est trop rapide, je ne peux pas la ralentir.

– Essaie non pas une fois, mais des milliers de fois. C'est dans la répétition, en contrôlant tes réactions, que ta pensée deviendra ton serviteur et te laissera libre. »

En regardant le pèlerin, je voyais concrètement comme ses mauvaises pulsions l'avaient rendu esclave. Il me faisait penser à ces gisants de pierre sur les tombeaux des cathédrales. Son cœur s'était enrayé dans les roues de ses pensées toujours en mouvement, qui l'entraînaient loin de lui-même. Il n'était plus question de cité, de chemin. Il n'en suivait désormais plus aucun.

27

Que faire ? Je n'avais plus d'entrain. J'étais aussi abattue que le voyageur. Si personne ne venait le délivrer de ses pensées, il courrait à sa perte. Il dégringolait la pente raide de ses fantasmes. Je n'avais plus envie de le suivre. À cet instant, cette phrase de Jean revenait à mon esprit : « La nature pousse vers le haut, elle cherche la lumière, et l'homme se repousse vers le bas, vers l'ombre, il y a antagonisme et cela ne peut pas fonctionner. » Il fallait bien se rendre compte que nous étions, mon pèlerin et moi, dans l'impasse. Pourtant, en regardant le nombre de pages qu'il me restait à lire, je me rendais bien compte que l'histoire n'était pas achevée. Le moine Guillaume ne pouvait me laisser finir sur l'image de cette misère humaine. Il fallait bien donner au lecteur la révélation finale du chemin de l'évolution !

Je résolus d'avancer à la recherche d'un détail positif qui m'aurait échappé. Mais au lieu de me réconforter, une chose que je n'avais pas perçue m'inquiéta : le bâton. La boussole spirituelle du voyageur pendait sur son côté et l'un des mauvais personnages s'en emparait. Le pèlerin était en train de perdre ses repères. Mon impression augmenta quand je vis également que sa bourse n'avait plus de clochettes. Le signe était clair. Le voyageur avait perdu la parole spirituelle qu'elles faisaient tinter à chacun de ses pas. Cette vision m'angoissait car je savais qu'il est si facile de tomber dans le piège de ses illusions. Combien de fois nous débattons-nous dans les marais de nos raisonnements en faisant obstacle à la vie ? L'essentiel nous échappe et l'on se perd souvent. Ces pensées devant mon petit héros couché étaient aussi noires que la terre sur laquelle il reposait. N'était-ce pas la fin du voyage à la recherche de soi-même ? Au fond, le moine Guillaume ne voulait-il pas nous dire que nous sommes tous pareils, incapables de nous connaître, c'est-à-dire de naître à nouveau ? À cet instant, j'aurais tant aimé revivre la douce présence de l'ange. Où se trouvaient Grâce de Dieu et Mémoire ? Probablement à la même place, dans le cœur du pèlerin, mais lui ne désirait plus à cette heure les écouter. « Réveille-toi avant qu'il ne soit trop tard ! »

J'étais dans la situation cocasse de m'adresser à un dessin et, qui plus est, devant la figure d'un homme qui ne me regardait pas. Le ridicule de la situation était achevé, j'étais devenue folle. « Mais ce qui est folie de Dieu est plus sage que les hommes », dit Paul dans une intuition géniale. Prise dans mes réflexions, j'essayais de me convaincre de ma bonne folie lorsque j'entendis un filet de voix. Il sortait du corps de mon voyageur. « Au secours ! murmurait-il, incapable de crier plus, tant la force lui manquait. Sauvez-moi ! »

Sauvez-le, me disais-je pour renchérir. Mais aucune lumière ne venait éclairer ses ombres. Il restait seul. Le nuage était trop épais pour voir un rayon y percer. Dans le combat avec les vices, les petits diables avaient gagné. Ils le dévoraient. De son âme, il ne resterait qu'un lambeau. J'avais beau chercher dans les lignes gothiques la trace d'une aile d'ange ou d'une aide spirituelle, rien n'apparaissait. Je tournai la page avec dépit.

À la nouvelle image, le voyageur était toujours allongé dans l'herbe verte. C'était le même spectacle, la même désespérance. Pourtant, quelque chose d'important avait changé. Les vices qui tournaient autour du pèlerin comme de mauvaises pensées avaient disparu de l'image. J'observai avec plus d'attention, espérant que cet indice montrait une voie de libération. Le corps du pèlerin était tourné vers la terre, son habit enroulé autour de son corps comme un linceul. Sa main pendait tristement, vide de son bourdon.

Cette fois-ci, me dis-je, la lumière ne l'éclaire plus. Il est « déboussolé ». Ses pensées l'ont achevé en prenant en lui toute la vie. La tête du voyageur reposait lourdement dans sa paume, signe de sa pesanteur. Tous ces aspects trahissaient un parfait effondrement. Pourtant je persévérai. Un détail dans son corps m'alerta. Ses yeux étaient tournés vers le haut. En suivant la direction de son regard, je découvris une forme dans le haut de la miniature qui m'avait échappé. Le ciel ! Il formait au-dessus de lui une sphère bleue dont on ne percevait que le bout du cercle. Celui-ci n'était pas la surface lisse que l'on connaît habituellement. La sphère était composée de sortes de rubans brodés et de petites dents qui formaient comme des rayons. « Madame Pollet ! m'écriai-je. Venez voir. » La conservatrice ne se fit pas prier. J'avais à peine tourné mon regard vers la peinture qu'elle se tenait à sa place habituelle, derrière mon épaule. « Regardez dans le ciel, madame Pollet.

– Oh, qu'il est beau ! »

La conservatrice s'était arrêtée sur la longue silhouette du pèlerin qui emplissait tout le cadre de l'enluminure. Elle s'extasiait sur le plissé de son habit qui formait des volutes de tissu. Cette beauté singulière n'était pas un simple exercice de pinceau. Le signe positif que je cherchais auparavant s'était glissé dans le creux de ses plis. Je sentais que cette élégance inhabituelle dans l'aspect du pèlerin était signe d'une transformation intérieure, une ouverture sur un plan supérieur. « Mais je ne vois pas le ciel, continua la conservatrice, il n'y a que cette prairie qui prend tout l'espace.

– La terre est importante, madame Pollet, parce qu'elle est la matière qui a pris trop de place dans l'esprit du voyageur. Pourtant elle montre une pente ascendante. Elle indique le chemin où il va devoir monter, la voie de l'évolution. Ce ne sera pas facile, mais le ciel est là. »

La conservatrice s'avança pour contempler le ruban bleu céleste. « Vous avez raison, le ciel est dans ce petit bout de cercle.

– Cela suffit à nous dire sa présence. Ce ruban brodé est un code. Dans d'autres images, les artistes symbolisent le firmament par une succession de cercles. Mais regardez plutôt ce qui sort de la nuée.

– Oh, par exemple ! Une minuscule silhouette de dame couronnée. Elle tend son bâton au pèlerin. Vu la dimension de ce dernier, il doit être lourd pour une si petite femme.

– Pas pour elle, madame Pollet. Cette dame est Grâce de Dieu, l'ange gardien du voyageur. Son bourdon a la grandeur de la lumière qui se crée en lui. »

La conservatrice fut appelée par un étudiant perdu dans les obligations administratives de la réserve. Elle dut interrompre le dialogue, mais ne résista pas à me faire une dernière recommandation : « N'hésitez pas à me faire venir si le besoin s'en présentait. Je suis là pour ça ! »

Je retrouvai le récit. « Voyageur, disait Grâce de Dieu au pèlerin, regarde-toi, comprends-tu le danger à présent ? – Ange, gémit-il, je suis si mal. J'ai perdu le bourdon, je ne suis plus rien. » Grâce de Dieu descendit plus près de lui avec, dans sa main minuscule, l'immense bâton doré. L'homme à terre sourit à sa vue, mais l'ange ajouta : « J'ai eu toutes les peines du monde à traverser tes ombres pour venir à toi. Mon apparence est accordée à la place que tu me donnes. C'est ta liberté que je sois ou non petite à tes côtés. Ton cœur s'est refroidi. Prie pour le réchauffer. » Là-dessus, l'ange disparut et le laissa seul à sa méditation.

Au bout des lignes noires, une image interrompit mon envie de lire plus avant. Le pèlerin avait ôté son chapeau, défait la cagoule de son chaperon. Il s'était agenouillé et tenait ses yeux mi-clos. Pourquoi prie-t-on dans les situations extrêmes, même ceux qui ne l'ont jamais fait ? Dans toutes les civilisations, il y a cette relation particulière que l'homme espère de Dieu.

Le temps de mon enfance a été celui de la ferveur sans avoir le sentiment que celle-ci ait été le fruit d'un apprentissage. J'ai ressassé les mots des prières que l'on m'enseignait, mais en revanche, personne ne m'a montré comment me recueillir. J'ai trouvé naturellement, à ma façon, comme les hommes des premiers temps, et puis j'ai oublié la manière. J'ai grandi et préféré le discours égoïste de mes pensées. Dire que j'ai interrompu le dialogue avec Dieu me donnerait une importance que je n'ai pas. Je n'ai jamais rien revendiqué en priant et je ne connais pas la tessiture de la voix divine. J'avais retenu de mon éducation que l'on ne demande pas. Je me contentais de prononcer *Notre père* et le bien-être de dire me suffisait.

Lorsque j'ai commencé ma recherche dans les pages du manuscrit, j'ai retrouvé le goût du silence habité de célébration. Les images enluminées sont devenues le support d'une méditation éveillée. Mes yeux et mes oreilles, au lieu d'être des capteurs du monde extérieur, se tournent vers l'intérieur. Je ne comprends pas ce qui se passe alors. Si je cherche, je me mets en avant. Il n'y a plus de place. Si je m'oublie, je trouve. Ma « chambre intérieure » est vaste comme un palais dont je ne connaîtrais pas la surface. Dans cet endroit, je prie volontairement ou simplement je suis, sans volonté de troubler le bien-être qui m'envahit alors. Cet état à mesure du temps qui passe me renforce et me pose dans ce monde qui me déborde parfois encore. Plus la place que l'on fait en soi est grande, plus le bien-être est profond. On appelle cela la paix.

Peut-être en ai-je simplement goûté un éclat tant je sens qu'elle est sans limite ?

En regardant le visage du pèlerin, je sentais ce qu'il était en train de vivre dans sa prière. L'histoire prenait une autre tournure. Le voyageur à genoux ne perçut d'abord que l'obscurité emplie des ombres et des fracas de ses remords. Mais vint le temps où tout ce brouhaha se calma et il resta à respirer simplement à l'écoute de son souffle. Alors seulement, dans l'espace vide de toute pensée, une image apparut au secours de sa peine, une vision maternelle.

La Vierge apparut au creux des pages du livre comme dans l'anfractuosité d'une roche. Bernadette Soubirous n'avait pas dû être plus émue que le pèlerin et la lectrice devant la « belle dame » ! Marie était assise sur un trône rouge. Elle portait le manteau d'azur, symbolique du ciel. Le vêtement était un motif d'art en soi, parcouru des grandes vagues formées par les plis, doublé de fourrure verte, la couleur de l'espérance et du renouveau. Il cachait une robe d'or, flamboyante comme son cœur. Cette tunique enveloppait son corps comme un trait de lumière céleste. Sur les mosaïques byzantines ou les icônes d'Orient, l'or est le symbole de l'au-delà, le signe de la vie éternelle, du monde où le soleil ne se couche pas.

La Vierge tenait sur ses genoux l'enfant Jésus qui s'accrochait à son cou dans un geste de tendresse. La petite tunique rouge de ce dernier rappelant la couleur du trône montrait le même symbole de vie et d'amour ardent. Cette beauté particulière de la peinture inspirait une retenue, une rupture dans l'habituel. Il fallait se laisser faire, s'arrêter.

Le pèlerin non plus ne bougeait pas et il n'y songeait pas. Devant l'immense amour de la mère et son enfant, il se mit à trembler. Il était certain que son corps ne résisterait pas à cette trop grande douceur, que tout en lui allait s'effondrer et disparaître. Il s'y prépara et fut presque rassuré de voir, sans autre conséquence, les larmes sortir de son corps sans pouvoir se tarir. Il fut longuement ainsi, incapable de se contenir. Il voyait bien à présent le mauvais chemin sur lequel il s'était fourvoyé dans son inconscience. L'eau entraînait toutes les scories de ses erreurs passées.

L'enfant dans les bras de sa mère s'anima. La Vierge recueillit la parole du Fils et se mit à parler : « Petit, ne tombe plus, dit-elle au pèlerin. Je te protégerai. Je suis mère, j'aime l'Enfant et je lui obéis. N'oublie jamais que sur la terre du bas tu n'es que de passage. Les entrailles de la tourbe ne sont pas ton refuge et t'absorber en elle c'est creuser une tombe inutile. Quel besoin d'une fosse pour celui qui est vivant ? Va, fais de tes égarements une source d'expérience qui te donne maîtrise de diriger tes pas. »

La dame désignait de sa main la terre sur laquelle il devait retourner. Il la remercia, tout en priant que la belle dame écarte de sa voie les mauvaises rencontres. La vision disparut, il ferma les yeux.

Je n'étais pas rassurée. Pourquoi fallait-il souffrir autant de ses propres expériences ? Personne n'étant parfait, nous étions tous amenés à connaître l'état du pèlerin. Pourquoi cette punition de la vie à notre égard ? Je quittai la bibliothèque ce jour-là avec cette question et décidai d'aller retrouver Jean. J'étais toujours curieuse de l'écouter. Mon ami savait me tenir un langage qui n'était jamais complaisant, mais utile et rigoureux.

« L'évolution passe par le même questionnement pour tous les êtres, me dit-il. Et cependant chacun est unique et son chemin lui est propre. Tous les parcours sont exceptionnels.

– Mais pourquoi souffre-t-on, Jean ?

– La vie est un chemin d'acceptation. Tu dois, sans en ressentir la contrainte, t'adapter à l'événement quel qu'il soit, c'est ton terrain d'apprentissage. Il est facile d'accepter ce qui est acceptable. Mais l'évolution, c'est transcender toute chose pour en faire un bien, même ce qui te semble difficile ou injuste. Lorsque tu accepteras, tu souffriras moins. Prends la souffrance comme une information. Elle t'indique que tu ne vas pas dans la bonne direction. »

Je quittai Jean et retrouvai mon pèlerin agenouillé. Il avait pris conscience de ses errances. J'avais hâte de le voir se relever de sa prière et reprendre le chemin.

28

À la nouvelle image, le voyageur s'était relevé. Une femme couronnée se tenait devant lui. Le symbole sur sa tête était, je le savais, celui d'une élection. Elle occupait le centre de la peinture, signe de la place qu'elle prenait dans le cœur du pèlerin. Le héros avait-il vaincu ses ombres à présent ? J'espérais.

Le nouveau personnage était une énigme. Cette femme avait une taille semblable à la montagne devant laquelle elle se tenait. Grande comme un mont ! Une figure capitale, me dis-je. Le lieu aussi devait être important tant le peintre avait pris un soin inhabituel à le détailler dans tous ses escarpements et ses à-pics vertigineux. Où pouvait-on être ? Je résolus de mieux « lire » l'image en m'accrochant à tous les détails que mon œil percevait. La dame, à l'aide d'un petit bâton, désignait un motif gravé dans le mont duquel sortait une ligne blanche en pointillé. Celle-ci allait tomber dans un baquet en bois. Il fallait bien l'avouer, j'étais perdue dans la forêt des symboles.

Le texte, ce jour-là, me guida. J'entendis le pèlerin s'adresser à l'immense femme en s'exclamant : « Grâce de Dieu ! » Comment n'avais-je pas reconnu l'ange gardien du voyageur ? Je m'étais sans doute trop résolue à la voir demeurer petite. À ma décharge, la gardienne du pèlerin était dans cette image spécialement parée. Au lieu de sa robe habituelle, elle était drapée dans un ample manteau bleu qui laissait découvrir une robe de feu, rouge vif. Le tissu du vêtement était d'une telle finesse qu'il laissait apparaître sa poitrine. Cette miniature était bien trop cruciale pour que ce détail s'explique par une fantaisie libertine de l'artiste. Le sein désignait l'ange, femme. Je m'arrêtai.

Jusqu'à présent j'avais trouvé naturel de voir le pèlerin entouré de présences féminines, les protections comme les vices. J'avais laissé passer une source instructive. Il est courant d'affirmer que les anges n'ont pas de sexe. Les formes des entités spirituelles sont dites « incorporelles ». Leur apparence humaine est une façon de se rendre présents à nos yeux d'ici-bas. Grâce de Dieu comme Mémoire et Conscience, par leur féminité affichée, étaient-elles le pendant de l'identité sexuelle du voyageur ? Je repensai à l'Adam originel, créé par Dieu « homme et femme » dans le premier chapitre de la Genèse.

Cette image est un grand enseignement symbolique, montrant l'unité que nous devons accomplir en nous. Et cette bipolarité est à l'image de Dieu. Ce n'était donc pas un hasard si le voyageur était accompagné de femmes. Dans la relation, l'écoute, la place accordée à cette autre part de lui-même, il trouverait l'épanouissement de sa nature et la libération de son être. La femme était son devenir.

Les allégories des vices étaient aussi des femmes ! Mais, avec ces dernières, nous étions dans un face-à-face dévastateur, un déséquilibre. Au lieu d'une « relation », propre à enrichir et exalter la personne, les femmes-vices dévoraient l'âme de celui qu'elles avaient décidé de spolier.

Dans l'image présente, la lumière de Grâce de Dieu avait chassé l'ombre des petits diables. Les seins de l'ange à peine voilés n'étaient pas la marque d'une simple identité et je sentais que je devais creuser plus loin pour découvrir la clef du symbole. Dans les histoires du Moyen Âge, je trouvai une piste importante. Depuis la fin du XIe siècle, plusieurs recueils de miracles relataient de nombreuses guérisons par le lait de la Vierge. Bernard de Clairvaux avait vécu une étrange aventure qui devint partie prenante de la légende du saint. Alors qu'il était en prière devant une statue de la Vierge à l'Enfant, celle-ci aurait fait jaillir de son sein du lait pour l'allaiter. La maternité de Marie envers les hommes était vécue concrètement : en donnant de son lait, la Vierge se montrait mère, protectrice de ses enfants pour lesquels elle intercédait auprès de Dieu. Le lait était la nourriture symbolique du Verbe. Dans ses écrits mystiques, saint Bernard n'hésitait pas à se désigner lui-même comme une mère donnant son « lait d'enseignement » à ses nourrissons de frères. Je trouvai dans la Bible de nombreuses évocations du même ordre faisant du lait un breuvage précieux, que l'on comparait à la Parole divine.

Grâce de Dieu était la protectrice du pèlerin. Par son enseignement elle l'allaitait. Soucieuse de voir grandir son enfant, en attente de l'homme que le jeune pèlerin devait faire naître en lui, elle se faisait maternelle. Pour enrichir encore le sens de la miniature, elle portait le manteau bleu protecteur de Marie pour permettre à son protégé de vivre sans encombre. J'étais émerveillée de voir comme le symbolisme du manuscrit s'épanouissait toujours plus à ce moment de l'histoire, car j'étais loin d'avoir épuisé le sens de la peinture. Heureusement, je crois que l'ange du pèlerin veillait un peu sur moi.

Je l'entendis dire au voyageur en désignant le motif gravé dans la montagne : « Regarde, l'œil du sommet ! Il verse des larmes sur ta peine. Je les garde pour ton bain. » Le pèlerin leva la tête vers le haut du mont et découvrit l'œil ouvert incrusté dans la roche. Sa surprise fut semblable à la mienne. Le temps ne faisait rien à l'affaire. Pas plus au Moyen Âge qu'au XXe siècle, on n'avait l'habitude de voir l'organe oculaire d'une montagne ! Dans les centaines d'images que j'avais consultées auparavant, je ne me souvenais pas avoir trouvé une vision semblable. Je n'en ai jamais vu depuis. Le moine Guillaume nous entraînait sur des hauteurs que je ne comprenais pas. La figure de l'ange avec son petit bâton avait demandé, il est vrai, toute ma concentration, et j'avais négligé l'incroyable motif. Je me retrouvais dans la position du sot qui regarde le doigt de celui qui montre la lune ! Il me fallait l'aide du pèlerin pour avancer désormais.

Pendant longtemps celui-ci observa l'œil de la montagne, puis il se décida à demander : « Le mont est-il humain ? Sont-elles vraies, ces histoires ? Les sorciers ont-ils enfermé quelqu'un là-dedans ? – Pas plus l'un que l'autre, répondit Grâce de Dieu. Tu te perds dans tes réflexions. Ce que tu contemples, c'est l'œil du monde. Il éclairera ton cœur et fera tomber le voile sombre qui le recouvre. Tout l'univers va t'apparaître, tu ne verras plus les choses comme des parcelles distinctes mais l'unité du tout. Petit, apprête-toi à renaître dans le bain que ses larmes ont versé. »

Elle désigna de sa main la ligne blanche des larmes et le grand baquet de bois qui débordait des pleurs de l'œil du monde. Le voyageur ôta son vêtement poussiéreux ; nu, il plongea dans l'eau. J'avais hâte de l'entendre parler. Que ressentait-il dans les larmes divines ? Le ciel souffrait-il de nos chagrins pour sangloter ainsi ? Où était-il, ce Dieu vengeur des vieilles croyances moralistes, le père fouettard toujours prêt à châtier ? Certains ont tellement pâti de cette image véhiculée pendant leurs jeunes années qu'ils sont dégoûtés à jamais de la religion. Quelle responsabilité de les avoir ainsi entraînés loin de leur source ! S'ils avaient vu le bonheur du pèlerin recevant cette pluie divine, ils auraient perçu l'esprit de compassion au lieu du jugement. L'œil pleurait d'amour. Il était comme une mère devant la peine de son enfant meurtri. Le moine Guillaume nous parlait d'un Dieu maternel et j'avais envie de le suivre dans cette voie.

L'amour ne juge pas, il respecte la liberté de l'homme sans jamais lui ôter la part qui lui revient de se connaître ou de se détruire. Cette part-là est, à y réfléchir, bien plus exigeante qu'un soi-disant interdit divin. Le ciel croit en l'humanité plus que nous y croyons. Il sait d'où nous venons. Il n'a pas oublié ce que nous ignorons. Comment avons-nous fait pour nous retrouver aussi loin de nous-mêmes ? Nous agissons comme des loqueteux et nous sommes fils du roi. Nous laissons en jachère des forces qui sont cachées en nous, mais prêtes à l'emploi. L'amour chez l'être humain s'est refroidi. Peut-être avons-nous tous besoin d'un bain chaud ?

À l'image qui suivit, le voyageur n'avait pas fini de se purifier. Dans le baquet empli de larmes, je voyais son corps grêle et sa peau luisante sous le soleil. Il en sortit renouvelé et prêt à reprendre sa route. Le chemin continuait sans l'appréhension d'autrefois. Il sentait la proximité de son ange et cette solitude habitée le rendait heureux. Il se promit que jamais plus dans sa vie future le ciel ne sangloterait à cause de lui. C'est ainsi que la route se poursuivit plus loin sur le sentier de vie. La page du pays des vices était-elle définitivement tournée ?

29

J'allais d'étonnement en étonnement. L'image que je découvrais était singulière et belle. Le maître enlumineur redoublait de prestance pour laisser s'épanouir l'ampleur nouvelle que le récit demandait. Au vu de la finesse du trait, la main du maître s'occupait seule de tracer le dessin. L'artiste avait beau rester anonyme, comme il était habituel au Moyen Âge, son art le révélait. Les deux autres peintres dont j'avais pu déceler la présence par des détails de style laissaient désormais toute la place au plus expérimenté d'entre eux. Nous étions à un tournant du récit.

Le pèlerin avec son long bâton d'or contemplait une bulle bleue aux contours informes. Celle-ci était étrangement parcourue de stries et portait dans son ventre quatre personnages. Je pouvais les discerner à travers les ondulations de la surface. Un petit être ailé en tunique verte aidait un personnage nu à se tenir sur les mains, les pieds en l'air. Deux autres figures, l'une nue, l'autre habillée de bleu, étaient à leurs côtés. La prairie sur laquelle le voyageur marchait s'élevait autour de la bulle en formant un long ruban. L'impression qui en résultait était d'une incroyable complexité. Le détail de mon observation ne m'aidait en rien, l'image demeurait scellée. Étais-je capable de continuer à avancer avec le voyageur ? Lui semblait peu surpris devant la nébuleuse. Qu'avait-il donc perçu que je ne voyais pas ? Je rentrai dans le récit et je pus identifier le cercle bleu. C'était une grande mer qui arrêtait le pèlerin dans sa marche. Il ne pouvait la traverser sans aide. Mais aucune embarcation n'était visible à l'horizon et il ne discernait aucun pont pour mener sur l'autre rive. Il se résigna à cheminer le long de l'eau et constata l'infini de cette mer infranchissable. Comment allait-il continuer sa route ?

Certains avant lui avaient manqué de patience. Les personnages nus étaient des hommes en train de se noyer, sans espoir d'en réchapper. L'être en vert et la figure bleue étaient des anges venus à leur secours. Mais ils avaient beau essayer de soulever leurs protégés hors de l'eau, ceux-ci étaient engloutis inexorablement par les flots. La lourdeur des corps noyés avait raison de leurs efforts. Le premier homme nu piquait tête en bas en agitant ses pieds et s'enfonçait dans les profondeurs. L'ange vert était bien trop petit pour le relever. Son compagnon n'était pas dans une meilleure posture. Il se laissait ballotter par la houle sans réaction de survie. « Que vais-je faire ? se disait le pèlerin. Je ne peux plus avancer sans risquer de mourir moi aussi. »

Sous cet éclairage donné par le texte, le cercle bleu de la mer prenait un autre sens. Je comprenais à présent la raison de ces stries sur la surface. Ils montraient la présence d'une forte houle. Mais j'avais beau avoir la clef du cercle bleu, l'image et l'incroyable vision verticale que l'artiste donnait de l'eau continuaient à me surprendre. Au lieu de représenter la perspective d'une mer horizontale, le maître enlumineur avait dressé celle-ci tel un mur. Je ne pouvais me résigner à mettre cette singularité sur le compte d'une maladresse artistique. Son trait, sa touche modulée aux infinies variations étaient bien trop raffinés pour me laisser penser à une insuffisance de sa main. Je savais que l'approche naturaliste intéresse moins l'artiste du Moyen Âge que le sens symbolique. Une image réaliste de la mer aurait-elle ôté ce qu'il voulait nous faire comprendre ? Cette manière si spéciale de représenter l'eau, je le voyais, donnait une lecture claire de l'événement. Cette vue de haut donnait au lecteur une meilleure appréhension de ce qui se passait dans les fonds marins. Le peintre nous obligeait à prendre du recul, à considérer tous les aspects de cette mer. Peu lui importait de ne pas répondre au « réalisme » de l'image. L'artiste était au service du « Réel ». Cette mer était sans doute un symbole important à découvrir. Je résolus d'avancer dans le récit pour en comprendre le signe et suivis le pèlerin sur la rive.

Le voyageur n'avait pas marché longtemps avant de découvrir une grande toile dressée sur les flots tenue par de simples bambous. L'installation, bien que rudimentaire, résistait aux vents de la tempête marine. Le voyageur s'approcha et découvrit, tapie près de la rive, une silhouette noire en train de pêcher. Le voyant de dos, il ne distinguait rien des traits de son visage à part ce corps massif qui semblait rivé à la terre. Le pêcheur était pris dans ses pensées qui débordaient jusqu'à sa bouche. Les mots sortaient de lui avec force et sans cohérence, il parlait seul sans personne pour lui répondre. Le grommellement produit n'inspirait pas la rencontre. Le pèlerin résolut de passer son chemin sans demander son reste. Mais lorsqu'il fut à portée de l'homme, il s'arrêta pétrifié. Je tournai la page.

La nouvelle miniature me saisit. Je compris la surprise du voyageur. Mais au lieu de ressentir la peur que son visage reflétait, je me mis à rire et ne résistai pas à faire venir Mme Pollet. « Quelle horreur ! me dit-elle non sans une certaine gourmandise dans la voix. Quel terrible animal !

– Cette bête noire avec sa langue rouge tirée et ses yeux injectés de sang est le Diable, madame Pollet. Beaucoup de sculptures d'églises romanes le représentent ainsi. Il vous fait peur ?

– À vrai dire non, on a du mal à croire qu'un tel être puisse exister. Vous y croyez, vous ? »

Je ne sus répondre à la conservatrice. Ce Diable du manuscrit ne m'effrayait pas, tant il me semblait grotesque. Et mon impression augmenta en voyant que la ligne lui servant à pêcher tenait difficilement dans ses grosses pattes de monstre. Le peintre avait poussé le raffinement en figurant en rouge son oreille et les trois cheveux de sa tête sous deux belles cornes noires. L'ensemble était cocasse. L'image du grand escogriffe sombre et sanguinolent était plus amusante que redoutable. Les hommes du Moyen Âge étaient-ils plus réceptifs que nous pour ressentir la peur devant ces visions ? Connaissaient-ils avec plus d'acuité ce qui se passe de l'autre côté ? Ils vivaient avec cette idée de l'enfer et, moi, je ne pouvais croire à ses feux et ses grands chaudrons dans lesquels nous risquons de cuire pour l'éternité. Il fallait trouver autre chose pour m'effrayer. Je rejette cette morale axée sur la peur. Je préfère à celle-ci la volonté libre de ne pas faire le mal par amour pour le bien. Pourtant l'image était symbolique de quelque chose de grave qui me concernait. Cette pensée me mena jusqu'à la porte de mon ami Jean. Et, aussitôt accueillie, je lui posai la question de l'enfer. « Si on en avait plus peur aujourd'hui, on ferait sans doute moins d'âneries, me dit-il sans hésiter.

– Tu crois à l'enfer, Jean ?

– Pas celui auquel tu penses. Ce n'est pas un lieu. Il n'est pas au ciel et pas plus sur la terre, la pauvre. Celle-ci n'est pas un lieu de malheur mais de réparation. La terre est bonne, elle nous permet de nous transcender et d'évoluer. L'enfer est celui que nous créons.

– Et le Diable ?

– Le Diable est notre désir de transgression et le passage à l'acte qui nous obscurcit et nous éloigne de notre réalité intérieure. *Satan* en hébreu veut dire l'« Adversaire ». Celui que nous laissons grandir en nous. Si tu ne cultives pas des roses dans ton jardin, si tu ne fais pas le choix de la vie et de l'amour, les ronces y pousseront. Tu subiras sans le savoir l'exigence de tes pulsions avec tout leur cortège de besoins à satisfaire, au risque d'être frustrée. Tu créeras ton enfer.

– Jean, tu penses comme Évagre le Pontique qui disait que nos propres pensées sont des "satans". Il croyait au même Diable que toi.

– Il avait dû faire pousser des roses dans le sable ! » ajouta-t-il souriant alors qu'il me raccompagnait.

Sur le chemin du retour, je réfléchissais à cet enfer de pacotille, vision lointaine, pour l'après, alors que celui-ci est si proche de nous ! Le manuscrit m'attendait.

La silhouette noire avait tourné sa face vers le voyageur, montrant son visage déformé et inhumain. La laideur physique se liguait à un comportement plein d'agressivité. L'homme noir voulait se battre contre le pèlerin pour le dépouiller. C'était son emploi, il n'y dérogeait jamais, il lui fallait tout de l'autre. Le pèlerin combattit sa peur et affronta l'être monstrueux. « Es-tu le Diable ? » demanda-t-il avec le reste d'assurance qu'il trouva au fond de lui. L'homme ricana. Son corps semblait s'ouvrir sur des excroissances cachées, de nouvelles horreurs. Il sortit sa longue langue de mauvais serpent et répondit : « Je suis ce que les hommes font d'eux-mêmes. J'incarne leurs ombres les plus noires, leurs désirs déréglés, leurs perversions. Plus ils sont corrompus, plus j'épaissis. Je nais des dérives de leurs cerveaux malades. De leurs mauvaises pensées ils bâtissent l'instrument qui les abat. Ils se jettent eux-mêmes dans mes filets. Regarde comme celui qui est tendu sur l'eau peine déjà sous la charge. » En découvrant les propos du Diable, j'étais dans la situation insolite de me réjouir. Le moine Guillaume était bien le fils spirituel d'Évagre le Pontique et Jean était de leur famille. Le Satan du manuscrit s'incarnait dans nos propres noirceurs.

Nous avons en nous un ennemi intérieur que nous devons combattre. Je réalisais que celui-ci pouvait, au fil de notre inconscience, prendre une forme monstrueuse, quitte à nous dévorer pour prendre notre place. Le grand escogriffe pouvait refléter notre devenir ! Je n'avais aucune envie de tomber dans ses filets. Je voulais respirer le parfum des roses dont m'avait parlé Jean. J'étais comme le voyageur, prête à combattre. Mais nous devions traverser la mer pour avancer, et seul le texte pouvait me donner la solution du passage. Je repris le récit et le dialogue avec l'homme noir.

« Tu es devant la mer du monde, disait-il au voyageur, tu vas te noyer comme les autres. La matière va t'engloutir, toi aussi. Tu ne résisteras pas et je prendrai tout de toi, jusqu'à ton âme. » La mer était donc une image du monde ! Le symbole commençait à s'éclaircir.

Je cherchai dans l'histoire du Moyen Âge comme dans celles des autres civilisations pour trouver tout ce qui avait rapport à l'étendue marine. L'eau était universellement perçue comme une bénédiction, tout comme la pluie que la Bible décrit comme la rosée divine. La mer, en revanche, était source de peur, un lieu de tempêtes d'où pouvaient surgir des monstres marins. Chez les Grecs anciens, on offrait à la mer des sacrifices de chevaux et de taureaux. Les eaux en mouvement représentaient l'inconnu, l'incertain. Mais le plus intéressant était le lien avec l'inconscient humain comparé à l'état mouvant des eaux. Nous devions traverser la mer, maîtriser nos émotions, pour passer à pied sec. Il fallait contenir nos flots comme Dieu nous l'avait montré lors de la Création. Les mystiques eux aussi se méfiaient de la « montée des grandes eaux » en faisant allusion au processus intérieur incontrôlé. La mer était, d'après leurs dires, signe du cœur humain, siège des pulsions et du monde présent. Dans l'un comme dans l'autre il ne fallait pas se noyer. Notre « Diable » nous attendait à chaque mauvais pas.

Le voyageur se trouvait dans cet état de latence symbolisé par l'eau. Tout devenait possible. Le choix lui appartenait. Je l'avais quitté prêt à se battre et je le retrouvais dans la même attitude. Le grand escogriffe était-il une image de son devenir ? Je fus bientôt rassurée. Devant la sombre prophétie de l'homme noir il eut un sursaut, un réflexe de survie. Celui qui touche le fond de l'abîme peut donner un coup de pied salvateur pour remonter à la surface. Saisissant la seule arme en sa possession, son bourdon, il réussit à parer les coups de l'Adversaire et je le vis combattre avec courage. Il s'apprêtait à donner l'estocade finale quand il s'aperçut de l'affaiblissement du Malin. Ce dernier s'était dégonflé comme un ballon de baudruche et gisait sur le sol comme un mauvais rêve qui s'achevait. Ainsi, me dis-je, le mal n'est puissant que lorsqu'on le nourrit de ses propres pensées. Pourtant, ce n'était pas la fin du combat. Dans un dernier sursaut, le Satan sonna de sa trompe.

L'image qui vint était claire : elle montrait une femme au visage déformé par un menton en galoche et un nez busqué. Cette présence, manifestement malfaisante, me donnait à réfléchir sur le travail de la conscience. Jusqu'au dernier souffle de vie il fallait demeurer vigilant. Les petits satans étaient bien trop rapides pour que l'on prenne le temps de savourer une éphémère victoire. Le voyageur en faisait l'expérience. Il s'était relâché un instant et il se retrouvait devant cette autre laideur. Comme les autres elle faisait partie de lui. Celle-ci avait l'étrange manière de marcher en reculant. Je souris. Cette attitude relevait d'une logique imparable disant que celui qui n'avance pas recule. Elle tenait sur l'épaule un fagot de bois pour faire griller tous ceux qui contrevenaient au Satan.

La femme hurla en voyant que le pèlerin ne se soumettait pas. Et son brouhaha, comme des pensées funestes, couvrait le bruit de la tempête sur les flots. Les paroles du pèlerin, espérant l'apaiser, ne servaient à rien. Celle-ci n'entendait pas, trop occupée à imposer ses vues pour assouvir l'appétit de son noir souverain. L'énergie de la haine est lourde à combattre.

Le pèlerin l'affronta. La bataille intérieure qui se joua fut longue car il luttait pour contrôler sa pensée. Et puis, au cours du combat, il s'aperçut d'une faille dans le corps de l'adversaire. Ce dernier était borgne. Le symbole parlait de lui-même. Avec un seul œil sa vision était rétrécie, tout un aspect des choses lui échappait. Le voyageur en profita pour se sauver. Je traînai des pieds, observant un peu plus longuement la femme borgne. Que pouvais-je dire de ma propre vision des choses ? Celle-ci n'était-elle pas souvent étriquée ? « Si on juge, on condamne, m'avait dit Jean alors que je souffrais de ma réaction trop prompte à juger. Regarde comme tu es prisonnière de ton jugement.

– Que faut-il faire ? Ce que je perçois de l'autre m'amène souvent à ne pas être d'accord.

– Constate, ne te laisse pas envahir par ta pensée. L'autre est "comme ceci" et tu n'aimes pas le "comme ceci". Tu t'écartes. Si tu rejettes, c'est à toi que tu portes atteinte. Nous traînons tous des ballots de rancœur et de haine que nous déchargeons trop facilement sur le premier qui passe. Ne juge pas et tu seras libre. »

L'image de la femme borgne était vue et vécue. Je tournai la page.

30

Grâce de Dieu arborait un large sourire devant le voyageur. L'ange était apparu aussitôt la bataille achevée. « Tu as bien combattu, lui disait-elle avec ravissement. Mais le pèlerin n'avait pas le cœur aux compliments. D'une main il repoussait sa belle dame pour la première fois. Il était vidé de toute énergie. Les deux terribles créatures lui avaient demandé tant de constance qu'il se sentait incapable de traverser les grandes eaux du monde. L'ange avait beau rappeler à son souvenir combien il est plus épuisant de succomber à ses pensées mauvaises, il ne souhaitait pas se souvenir de ses chutes. « Jamais, disait-il, je n'ai tant donné, je ne pourrai pas fournir plus de moi-même. » Devant son air contrit l'ange souffla sur son visage et il fut apaisé. « Pèlerin, la voie de la conscience demande effort. Tu as su affronter l'Adversaire, le Satan, celui qui en tout t'est contraire. Mais c'est toi qui lui as donné vie en refusant le chemin spirituel. Tu as toi-même créé l'obstacle.

Maintes fois dans ses filets tu es tombé, ne l'oublie pas. Les vices sont ses esclaves, tu les as rencontrés souvent. Ces derniers le nourrissent en faisant tomber dans leurs pièges tous ceux qui font de la matière leur dieu. Vois comme ils se noient dans la mer du monde ! – Grâce de Dieu, gémit le pèlerin, comment vais-je traverser les eaux ? – Laisse le monde en bas, murmura l'ange à son oreille avant de glisser vers le ciel. L'esprit a des ressources que tu ne soupçonnes pas. »

Le voyageur attendit près de la rive et resta éveillé. La mer devant lui grondait et se soulevait. Que vas-tu faire, pèlerin ? » lui dis-je alors que le chapitre de l'histoire s'était arrêté sur un ornement végétal, un rameau dénudé. « Fais comme moi, me dit le voyageur, patiente ! Un jour une fleur apparaîtra sur la branche. La vie me mettra sur la voie. » Cette remarque me toucha et je restai, le regard accroché par le rameau.

Avions-nous un destin, une prédestination ? La vie était-elle écrite pour nous ? Nous sommes libres, dit la Bible, mais dans quelle mesure ? Jean m'avait dit un jour des paroles qui me revenaient à présent. C'était un jour d'hiver, j'attendais, inquiète, des résultats d'examens de l'université. « Tu as fait tout ce que tu devais, me dit-il, tu n'es plus maître du résultat. "L'action pour l'action", dit un adage ancien, sans attendre en retour. Si tu ne réussis pas comme tu le souhaites, c'est que tu dois apprendre autre chose.

La réussite que la vie te demande n'est peut-être pas celle que tu vois dans l'immédiat.

– Mais j'ai travaillé dur !

– Certes, mais te voilà prisonnière du résultat. N'attends rien et tu seras libre. Ton action sera un don, pas un prêté pour un rendu. On voudrait tous diriger nos existences et pourtant nous sommes les plus mal placés pour juger ce qui est le meilleur pour nous-mêmes.

– La vie sait mieux que moi ! J'ai donc un destin écrit d'avance, Jean ?

– La vie te propose, à toi de disposer librement de ce qu'elle offre généreusement. »

Je réalisais que mon impatience me menait souvent à devancer l'événement, à vouloir contrôler les choses au mépris de la vie qui a ses rythmes et qui offre toujours ce dont on a besoin. Le fameux proverbe « Tout vient à point à qui sait attendre » est de grande sagesse. Il exprime une foi spirituelle. L'oublier, c'est considérer que nous savons mieux que quiconque, fût-il Dieu, ce dont nous avons besoin. Quand je veux accélérer les choses, je ne crois qu'en moi-même. Le pèlerin était plus sage que moi. Je le voyais attendre, silencieux et confiant. C'est ainsi qu'une nouvelle apparition surgit devant lui comme une fleur sur la branche nue.

À la nouvelle image, une femme se présenta, portant sur le front une couronne de jasmin. Le voyageur s'était levé à son approche, émerveillé de ce sourire qu'elle offrait comme le premier du monde. Je pouvais voir combien la rencontre était bénéfique dans ses traits délicats et tendres, un symbole de sa beauté intérieure. Mais le plus enchanteur du personnage était les deux petites ailes vertes qu'elle avait aux pieds. Leur couleur, je le savais, donnait une idée de ce qu'elle apportait au pèlerin, un renouveau. Était-ce un ange ? Rien ne disait que ceux-ci ne puissent porter leurs ailes aux pieds plutôt que dans le dos ! À moins que le dieu grec, Hermès, n'ait fait un saut jusqu'au Moyen Âge ? Les ailes étaient, je l'avais appris dès le début du manuscrit, un symbole spirituel. Cette femme était une envoyée de l'Esprit. Mais je pensais l'enlumineur trop averti pour ne pas m'enseigner une autre clef avec ces pieds ailés. Les grands théologiens du Moyen Âge faisaient tous référence à l'Antiquité et à ses philosophes. Les tympans des cathédrales dont ils supervisaient les programmes sculptés étaient nourris de la culture ancienne de la Grèce dans laquelle ils puisaient. Forte de cette réflexion, je décidai de chercher en direction du dieu antique Hermès. Les sandales ailées, son attribut habituel, étaient symboliques d'une puissance d'élévation. Le signe s'accordait au récit du moine Guillaume. La femme couronnée de fleurs traduisait le changement intérieur du pèlerin. Hermès était le médiateur entre les dieux et les hommes. Il leur révélait la sagesse et le chemin de l'éternité. Tous ces aspects me confortaient dans l'évolution du voyageur et j'étais impatiente de le voir traverser les eaux de l'inconscient et du monde. Le texte augmenta encore mon espoir en apprenant le nom de la femme messagère. Son air de printemps n'était pas le fait du hasard. Elle se nommait Jeunesse. Elle incarnait l'état du héros. Avait-il rajeuni ? Rien dans son apparence ne semblait avoir bougé. Mais il souriait comme jamais auparavant. À en croire sa figure, la maîtrise de nos pensées laissait en soi un espace « oxygéné ». Le moine Guillaume me donnait ici un fantastique élixir. La jeunesse, pas plus que la vieillesse, ne représente un état du corps mais de l'esprit. J'en avais un bon exemple sous les yeux. Jean, malgré son apparence, était vif comme l'eau des rivières. Et, je dois l'avouer, j'étais souvent, par mes pesanteurs, un vieillard à ses côtés.

Jeunesse portait un surnom symbolique, la Légère. Elle provoqua le voyageur avec un petit air malicieux. « Qui t'empêche de voler au-dessus de la mer ? lui disait-elle, virevoltant comme un papillon. – Je suis si lourd, s'anima le pèlerin, mon corps ne peut se hisser vers les hauteurs. – Mes ailes me portent vers le ciel. Grâce à elles, je te mènerai à celle qui te délivrera de toute pesanteur. Monte sur mes épaules et je te porterai à travers les airs. »

Jeunesse engagea le voyageur à prendre place et le curieux équipage commença à s'élever au-dessus de l'eau. Dans cette position, le pèlerin pouvait apercevoir l'autre rive et il sentait qu'il arriverait bientôt au terme de son cheminement. La mer, au-dessous, semblait lointaine et tous les tourments de ses flots lui étaient désormais étrangers. En compagnie de la Légère il s'était pacifié.

La peinture de leur ascension était somptueuse. La douce jeune fille tenait fermement dans ses mains les pieds du héros et les ailes de ses pieds s'ouvraient au gré de l'air. L'étonnant équipage donnait une impression d'équilibre, renforcée par la position centrale des deux figures. Au-dessous d'elles les quelques lignes ondulées de l'eau étaient prises en tenaille entre deux rives parsemées d'herbes vertes. La dimension soudaine du paysage me rappelait la Genèse lorsque Dieu fait apparaître le sec au milieu des eaux. La mer perdait de l'importance, le pèlerin se dégageait du monde. De façon symbolique, le peintre avait donné au bâton d'or du voyageur une taille prodigieuse. Je commençais à croire que les histoires de diminution et d'extension dans les contes de fées ne sont pas si puériles !

En contemplant l'image, une autre chose mystérieuse s'éclairait, le bourdon. *Burdo*, en latin, vient du terme *burdus* qui signifie le « mulet ». Ainsi, le bâton était la monture invisible du pèlerin. Dans l'image, le long bourdon me faisait penser à l'instrument d'un perchiste. Nous étions sans aucun doute sur le chemin des hauteurs. Mais le bond accompli par le voyageur était l'exploit de son âme. Jeunesse était en lui et le rendait capable de s'envoler. Ainsi en est-il de ceux qui se laissent conduire par l'Esprit. Le temps ne fait rien à l'affaire, le corps décrépit, tombe et se perd en terre sans que l'être véritable n'ait vieilli un instant.

L'impression extraordinaire de l'image résidait bien au-delà de sa forme, dans cette profondeur qu'elle révélait. L'allégorie de Jeunesse la Légère m'ouvrait à une parole mystérieuse d'un psaume de la Bible, écrit par le roi David, que Jean affectionnait : « Ma jeunesse se renouvelle comme celle de l'aigle. » Je comprenais de mieux en mieux la « présence » de cet art lumineux qui résonnait en moi. En contemplant le voyageur, j'étais dans les airs à ses côtés. J'aimais cette sensation de félicité, de monde à part. Il y a des instants dans la vie que l'on sent comme une parenthèse volée à l'espace-temps. Les événements que l'on vit et les êtres que l'on côtoie prennent soudain une dimension rare sans que l'on sache pourquoi. Ce sont des moments de grande intensité dans lesquels la conscience est en alerte. La hauteur de vue qui en résulte nous fait appréhender les êtres et les choses, même connus, avec une lucidité nouvelle. Ces secondes échappées de l'habitude m'éblouissent toujours. On dit que, sur cette terre, le bonheur est fugace et l'envol spirituel éphémère tant le corps attire vers le bas !

À ce moment de l'histoire, le voyageur ne fit pas exception. Sur les épaules de la Légère, il était toujours en train de voler, mais soudain ses pensées l'assaillirent et l'encombrèrent. « Insensé, se dit-il, comment ai-je pu croire que cette frêle personne aurait la force de me faire traverser ? » Son corps aussitôt devint plus lourd, « empesanti » par le doute. Les petites ailes de la Légère ne suffirent pas à le retenir. Il chuta vers la terre, entraîné par son poids. Jeunesse disparut dans le ciel.

31

J'étais désespérée en contemplant la nouvelle image. Pourquoi faut-il redescendre ? La mer happait le voyageur dans une de ses grandes vagues. Les eaux étaient habitées des vieilles femmes du passé, les anciennes blessures à son humanité. L'une d'entre elles s'avançait, menaçant d'arracher son cœur avec des tenailles qu'elle tenait dans ses mains. J'hésitais à regarder plus avant tant je me doutais de la suite. Mais je devais me faire à la réalité du récit, comme je devais accepter les événements de la vie et sa roue de fortune.

La page du manuscrit offrait au regard deux peintures semblables. Dans celle qui suivait, le pèlerin se débattait toujours, sans parvenir à se défaire de ce mauvais cauchemar. Dans la mer il baignait avec détresse. « Je suis ton pire tourment, disait la terrible femme le frappant à la tête avec un marteau pour le faire sombrer. Ton affliction me donne corps. Plus ta détresse grandit, plus j'ai le pouvoir de te faire chuter. » À ce moment de l'histoire je doutais fortement que mon pèlerin puisse un jour arriver jusqu'à la belle cité. Je le voyais se courber sous le coup de marteau que le vice des deux mains lui assénait. Cette femme était une part de lui-même, le poids de sa détresse. Elle n'avait pas d'existence, à part celle qu'on lui prêtait. « Réveille-toi, lui dis-je, m'adressant une fois de plus à mon héros de papier. Chasse-la de ta tête. Finissons le voyage, ne chavire pas ! » Est-ce le grotesque de la situation qui donna ce sourire au pèlerin ? Me voir ainsi parler à des lignes gothiques et des images fixes le réjouissait-il à ce point pour ne pas sentir le coup qu'on lui portait ? La détresse que je lisais sur son visage à l'image précédente avait disparu et, malgré le danger, je voyais à présent toute l'énergie de ses mains accrochées à son bourdon comme s'il était en train de ramer. Vas-y, pagaie ! me disais-je, n'étant plus à un ridicule près. Et je rajoutais tout bas dans ma tête pour que le ciel ne se moque pas : Je suis avec toi. J'avais hâte de tourner la page !

La lecture du manuscrit confirma ce qui était en germe dans la peinture. Le pèlerin faisait appel à sa mémoire. Il se souvenait de toutes les armes protectrices dont il pouvait user. Le vice décampa avec ses tenailles et son marteau. L'eau s'évapora, il se retrouva sur la terre ferme. Son trouble avait disparu.

Lorsque mes yeux abordèrent la nouvelle miniature, je ne m'attendais pas à une telle surprise. L'image était la plus savoureuse, la plus imprévue qui soit. J'avais quitté Mme Pollet sur la terrible peinture du Diable, je lui devais bien une petite récréation. J'appelai la conservatrice à contempler ma « curiosité ». « Par tous les saints, s'exclama-t-elle, il y a un défaut dans cette peinture ! Regardez, le personnage de droite est représenté à demi.

– N'en croyez rien, madame Pollet. C'est là tout l'extraordinaire de cette miniature. Cette moitié de personnage à côté du voyageur est le vice en train de sortir de la case de la peinture. Il s'en va de celle-ci comme il sort de la vie du héros. »

J'expliquai que la silhouette coupée en deux disait bien toute la richesse du *Pèlerinage de Vie Humaine* qui continue bien au-delà des marges et des pages du manuscrit. « Ça me rappelle *La Rose pourpre du Caire,* le film de Woody Allen, dit la conservatrice. Le personnage bondit de la toile dans la salle de cinéma.

– L'œuvre vit au-delà du cadre. Le moine Guillaume l'avait exprimé il y a six cents ans. Le pèlerin tourne le dos au vice, signe que ce dernier s'éloigne de lui.

– Et Grâce de Dieu ! renchérit Mme Pollet. Pourquoi fait-elle grise mine ? Ce n'est pas très "angélique" pour un ange gardien. Regardez, le héros n'a pas l'air fier. Il baisse la tête, penaud.

On dirait qu'il se fait enguirlander », ajouta-t-elle sans que je puisse l'arrêter.

Le voyageur devant Grâce de Dieu, avec son sourire en coin, était une image qui m'était familière. Je connaissais bien mon pèlerin. Il essayait d'amadouer sa protectrice. J'exprimai ma pensée. « J'avais raison ! s'exclama la conservatrice.

– Oui, mais allons plus loin. Si l'on considère l'image dans le sens du pèlerin, l'ange est en colère. Et le héros fait en sorte de l'apaiser. Mais en réalité, Grâce de Dieu n'en a nul besoin, elle ne lui reproche rien. Elle se contente de venir en aide à son protégé quand il lui en laisse l'occasion. Sa présence dans l'image montre que dans son souvenir l'homme lui prête attention. »

Et, pour mieux faire comprendre ce que j'avais appris au fil des pages, je lus le texte gothique à l'attention de Mme Pollet. Dans la place accordée par le pèlerin, l'ange faisait entendre sa voix : « Où es-tu ? » lui disait-elle. Le voyageur devant Grâce de Dieu ne comprenait pas. « Je suis là, ange, disait-il, tu m'as sauvé. Ne me vois-tu pas ? – Dans quels méandres de ta pensée étais-tu encore perdu ? Un peu plus et tu coulais dans la mer. Le doute éloigne l'homme de sa source. En semant ce poison dans ton âme, tu distilles en toi un trouble qui parasite ton entendement. Je n'aurais rien pu faire pour toi. – J'étais en bien mauvaise posture », répondit le pèlerin pour trouver une excuse. « Tu l'as créée ainsi. L'homme provoque lui-même la situation où il se trouve. Tu es responsable de ton épreuve. Dans l'avenir, accepte-la avant qu'elle ne te mange le cœur. »

Le moine Guillaume insistait une fois de plus sur cette responsabilité intérieure de l'homme qui est le prix de notre liberté. « Le Diable, ajoutai-je à l'adresse de Mme Pollet pour répondre à son ancienne question que j'avais laissée en suspens dans son esprit, n'est pas le grand escogriffe noir, mais toutes ces pensées qui nous absorbent et peuvent nous dévorer. Le voyageur pouvait mourir noyé dans le flot de son inconscient. Le coup donné par le vice sur sa tête frappait symboliquement l'endroit où l'attaque avait lieu.

– Je comprends pourquoi Grâce de Dieu dit au héros qu'il est responsable de son épreuve », reprit la conservatrice.

Elle me laissa seule, plongée dans mes réflexions. La vie était emplie d'épreuves pour chacun. Il n'y avait pas d'autre chemin. Nous devions à chaque moment nous transcender pour évoluer, passer par le feu de la forge. Je voyais bien que l'on ne peut échapper à une certaine souffrance qui seule nous enseigne à nous dépasser. « Accepter » était la seule voie pour grandir et je n'avais pas envie de rester petite. Le voyageur lui aussi était prêt, il était suffisamment avancé pour commencer à vivre autrement. Les images que je découvris peu après sont des icônes d'une tout autre ampleur, l'œuvre du maître enlumineur. Il n'a confié aux autres mains de son atelier que le dessin des détails et du fond ornemental. Les visages, les objets, leur place dans la peinture répondent à une science qui dépasse l'habileté du pinceau pour ouvrir la fenêtre donnant sur l'Invisible. C'est ce que j'appris en progressant dans le récit.

Après avoir parlé, l'ange mena son protégé à la lisière de l'eau. Le voyageur comprit qu'il devait affronter la mer du monde sans peur des flots furieux et commença à pénétrer dans l'onde. Il restait vigilant à chaque mouvement de vague, anticipant la montée de l'eau pour rester en vie. C'est ce que nous devons faire, me disais-je, être dans le monde sans s'identifier à lui. Garder notre conscience en alerte et affronter la vie sans peur, c'est la voie de l'Esprit. Le pèlerin me précédait.

À la nouvelle image, je le vis en compagnie de l'ange, sa main donnée à celle qui le guidait. Le geste était de bon augure et le reste de la miniature une merveille à contempler. Sur les quelques lignes ondulées de l'eau, une nef en bois clair était représentée. Mais du navire entier on ne voyait que la proue. Je savais que cette manière de dépeindre les objets est une convention artistique propre au Moyen Âge. Une fois de plus, l'artiste ne cherchait pas une vision réaliste mais privilégiait toujours le sens, l'essentiel. La proue suffisait à imaginer le reste du bateau. L'important de l'image n'était pas de voir le détail de la coque, du cordage, de la voilure, des mâts, mais ce que transportait la nef. Étrangement, un château rose se détachait sur le bois jaune en envahissant le pont. Le peintre avait pris soin de détailler la construction avec des tours de guet, des fenêtres, des créneaux et une grande porte close dont on apercevait les ornements de ferronnerie. Cette vision-là avait un sens que je devais découvrir.

En observant le lieu, l'on était assuré que le château n'était pas un mirage. Les murs n'étaient pas de sable, mais leur couleur rose donnait une impression particulière. La peinture m'évoquait un souvenir lointain que je ne parvenais pas à rendre présent. Je restais dans le flou devant cette incroyable image du bateau-château. J'acceptais de piétiner, faire du surplace. Un de mes rêves me revint à l'esprit à ce moment-là. Dans celui-ci il ne m'arrivait rien, mais j'entendais une voix qui me disait : « Reculer n'est pas dénégation. » Je m'étais éveillée la tête emplie de perplexité. Pourquoi m'envoyait-on un tel message, alors que l'idée de reculer dans la vie m'est insupportable ? Que faisait cette philosophie austère dans les aventures de mes rêves ? Il y a des événements qui restent dans l'ombre de notre incompréhension. Ils ne s'éclairent que par le temps. Les instants vécus, les mots non perçus s'illuminent enfin.

Je résolus d'appliquer mon rêve à la lettre et je retournai en arrière dans les pages du manuscrit. Mais j'avais beau rechercher, je savais pour les avoir tant étudiées qu'aucune image n'évoquait mon château rose. Ma quête s'avérait peine perdue. Je fermai le livre et réfléchis. Les seules images de forteresse que j'avais observées se situaient au début de l'histoire. Mais les murs étaient verts et non roses. Et si... Ce « et si » me ramena à la première image du livre. Le moine Guillaume n'avait pas bougé. Étendu sur son lit rouge, il recevait le songe du *Pèlerinage de Vie Humaine*. Revenir sur mes pas fut providentiel. Dans le grand miroir face au rêveur, il y avait mon château rose pâle. La couleur était moins vive que la forteresse de la nef, mais le lieu était le même. Comment avais-je pu l'oublier et pourquoi se reflétait-il dans le miroir ? Je focalisai mon attention sur ce dernier. La place démesurée qu'il tenait dans l'image n'était pas un hasard, je le savais. Le miroir est un objet symbolique de connaissance dont parlent toutes les grandes civilisations depuis l'Antiquité. Grégoire de Nysse, un père de l'Église d'Orient vivant au IVe siècle, explique qu'il reflète la beauté du ciel, source de transformation de l'image de l'homme. Chez les chrétiens, les musulmans ou les bouddhistes, le miroir est signe de vérité, source de connaissance de soi-même. Il est objet d'évolution pour les hommes en quête de sagesse et de rejet pour les autres. De façon étonnante, les êtres démoniaques dont parlent les légendes n'ont pas de reflet. Et les incarnations diaboliques, selon ces récits, ne peuvent supporter leur propre image ! Le miroir, source de connaissance, était une symbolique ancrée dans l'imaginaire collectif. Les sages soufis l'associaient au cœur humain. Pour Rûmi, le grand poète mystique du XIIIe siècle, l'objet devait être nettoyé pour donner pleine vision de la Réalité invisible. Il employait la très belle expression « polir le miroir du cœur », redonner sa brillance originelle à cet organe essentiel, généralement terni par notre ego. En lisant la sagesse soufie j'avais l'impression de retrouver le manuscrit chrétien. Le grand miroir était le cœur du moine. Dans sa sagesse, Guillaume avait suffisamment nettoyé, purifié sa psyché, pour accueillir le ciel en lui. Le miroir de la première miniature donnait l'image de la Jérusalem céleste que le moine reflétait en son cœur.

En reconsidérant l'image de la nef, la couleur rose, qui m'avait peu retenue au premier regard, m'ouvrit une porte de plus. L'image s'éclairait. La teinte n'était pas anodine. Elle était le mélange du rouge, signe d'élan vital et d'amour, et du blanc, qui exprime la pureté. Ce que je pouvais contempler dans les formes et les tons reflétait l'état intérieur du voyageur. Je le voyais ouvrir sa main libre en direction du navire, impatient d'embarquer.

La nouvelle enluminure m'étonna. L'ange gardien avait disparu. La mer et le navire s'étaient évaporés. Le voyageur se trouvait devant le château dont on ne voyait plus que la porte. Ur homme se tenait sur le seuil, en tunique bleue et collants rouges. L'entrée était ouverte mais étroite, si bien que son corps en barrait le passage. L'accueil du personnage n'avait rien de particulier, pas plus que sa figure. Et pourtant quelque chose me troublait dans sa manière familière de saluer le pèlerin, comme s'il le connaissait. Le texte gothique ne fit qu'augmenter un peu plus mon sentiment. À l'approche du voyageur, l'homme se mit à parler. « Je t'attendais depuis longtemps, disait-il, tu en as mis du temps pour venir jusqu'à nous. – Où suis-je ? demanda le pèlerin déconcerté. – Ce château est le tien. Il accueille tous ceux qui le souhaitent. Si tu entres dans le lieu, tu traverseras les flots sans risquer de te noyer. – Je le veux plus que tout », répondit le pèlerin en avançant vers la porte. Mais le gardien l'arrêta à son seuil en lui disant : « Seuls ceux qui sont prêts entrent ici. La porte est étroite et le chemin est rigoureux.

– Je le suivrai, déclara le voyageur comme un gage d'entrée. Je n'ai plus rien à perdre. Il y a peu encore j'étais perdu. Je ne savais plus qui j'étais. J'ai souffert mille morts pour quelques inconsciences et je suis fatigué. Désormais, je veux rester vivant et travailler à l'être plus encore à mesure des jours. Je n'ai pas peur d'entrer par ce passage étroit qui sera, je le sais, ma délivrance. »

J'étais déconcertée. Pèlerin, ne m'oublie pas, pensai-je, dis-moi quel est ce château que tu sembles connaître. Où vas-tu à présent, où m'entraînes-tu ? Mais pour toute réponse, je tombai sur l'image suivante.

Je retrouvai l'homme bleu aux collants rouges. Il tenait dans sa main une massue et frappait d'un coup sec l'épaule du voyageur. Je n'étais pas au bout de mon étonnement. Les deux personnages ne semblaient pas se battre. Ils souriaient paisiblement. Grâce de Dieu était apparue devant la porte rose du château et, prenant le bras de son protégé, elle l'aidait à entrer. Les doigts de sa main se détachaient sur le vêtement gris du pèlerin comme des pétales de fleur épanouis. Le geste était superbe de douceur et de grâce mêlées. Il répondait à la main offerte du voyageur à l'ange. J'avais la sensation d'une unité révélée ici entre ces deux êtres, dont l'un était de la terre, et l'autre du ciel. Éblouie, je demeurais sans comprendre. Si je ne découvre pas la clef du château, me disais-je, je ne peux avancer. Je devais attendre, laisser le pèlerin entrer seul. Je restai devant la porte étroite avec pour tout repère les derniers mots de l'homme bleu qui venait de taper sur l'épaule du voyageur : « C'est la marque de ton éveil, disait-il. Lorsque tu somnoleras sans en avoir conscience, ton corps se rappellera le coup que je te donne. Je suis le gardien et je veille. » J'étais déconcertée. Comment un coup de massue pouvait produire un éveil ? Le symbole m'échappait. Je ne voyais que l'aspect agressif de l'acte, malgré le sourire du pèlerin et de l'ange qui affichaient une sérénité inexplicable.

Les « hasards » de la vie sont bien mystérieux. On les décrirait dans les romans, personne n'y croirait un instant, et pourtant... Le soir de ma déconvenue, mon amie Mireille m'avait proposé de l'accompagner à une séance d'initiation de méditation zen. Ma tête était encombrée. Les châteaux, les massues, les hommes bleus tournaient dans mes pensées sans logique. Je me décidai à la retrouver au dojo sur son insistance de me voir sortir un peu. L'ambiance du lieu était suffisamment étonnante pour me faire oublier un moment mes interrogations. Une femme en kimono noir m'accueillit. Derrière elle, une pièce s'ouvrait sur une grande table de cuisine couverte d'un tas de légumes attendant d'être préparés pour le repas. L'ambiance me plut. Les hommes et les femmes qui s'affairaient à couper et à éplucher parlaient avec des voix entrecoupées de rires joyeux. L'étage réservé au dojo n'était pas du même ordre. Le silence régnait. Le vestiaire où je passai ma tenue sombre était une curiosité. Des dizaines de kimonos noirs pendaient aux portants, donnant à la pièce un air de ténèbres. J'avais envie de voir les couleurs éclatantes de mon manuscrit ! Je m'habillai vite et allai m'asseoir avec mon coussin de méditation sur le tatami. J'aurais dû venir là lorsqu'à vingt ans j'étais vêtue de noir, pensai-je en souriant, observant l'assemblée des hommes sombres.

Une cloche sonna l'heure de la méditation. Les habitués en kimono rejoignirent les novices en prenant soin de s'asseoir près de chacun d'entre nous. J'avais comme mentor un homme râblé, sans âge, avec des yeux rieurs qui se plissaient généreusement devant mes gestes maladroits. Les jambes repliées en demi-lotus, le dos droit, le regard posé sur le sol devant lui, la cloche sonna notre « entrée dans le vide ». J'essayai de m'apaiser, concentrée sur mon souffle. Quand la cloche retentit à nouveau, les trente minutes passées avaient laissé dans mes jambes engourdies une trace inconfortable. Le temps de se relever avec quelque peine, j'accomplis avec plaisir les pas rituels autour du coussin de méditation, sous l'œil attentif de mon guide. Déjà il fallait s'asseoir pour la deuxième étape de la méditation.

Alors que mon corps endolori se rappelait à moi, me tirant de cette paix que j'étais venue chercher, j'entendis les pieds de l'enseignant et les bruits du tissu de sa robe. Il s'approcha de mon voisin et je pus sans y poser mes yeux percevoir un échange silencieux entre eux. J'ouvris les yeux à temps pour voir un large bâton de bois s'abattre sur l'épaule de l'homme placé à mes côtés. Penchant sa tête sur la droite, il avait reçu le coup sans émettre aucun cri en saluant celui qui l'avait battu.

Cet épisode marqua la fin de ma propre méditation, mais me donna la clef de l'enluminure. Ainsi, me dis-je, il y a un gain à recevoir ce coup. J'attendis la fin du rituel avec une impatience qui aurait désespéré mon enseignant zen. La « marche lente », effectuée autour de la salle, dans la dernière étape du rite, fut un vrai supplice pour la chercheuse que j'étais redevenue.

Aussitôt que la cloche de fin retentit, j'allai interroger le maître sur cette pratique qui était la sœur de celle du manuscrit chrétien. J'appris par sa bouche que le méditant pouvant sentir une sorte de torpeur l'envahir ou son contraire, un trop-plein de pensées, demandait ainsi d'être réveillé par le bâton. « Le coup dynamise l'être, ajouta-t-il. Voulez-vous essayer ? »

Je reçus le coup bref et vigoureux sans ressentir de mal. Mais mon corps gardait dans sa propre mémoire l'intensité du choc. Et je comprenais à présent la parole de l'homme bleu au voyageur : « C'est la marque de ton éveil. »

32

Le lendemain, je retrouvai ma page enluminée avec l'homme bleu et la porte étroite. Le pèlerin n'avait pas bougé. Il m'attendait. Je chercherai plus tard la clef du château, me dis-je, concentre-toi sur cette porte puisque c'est elle que l'artiste te donne à voir.

J'étudiai les deux tourelles de l'entrée et l'étroit passage rose dans lequel l'ange était engagé, invitant le pèlerin à pénétrer dans le lieu. L'aspect défensif était rompu par l'ornement sculpté de la pierre qui formait comme une dentelle autour de la porte. Celle-ci ressemblait plus à l'entrée d'un souterrain ou d'une pièce cachée dans les vieilles demeures qu'à une entrée triomphale. Malgré la présence de l'ange, le voyageur hésitait à se glisser dans l'étroit boyau. La porte était un mystère à découvrir. Je cherchai dans les anciennes civilisations le sens des majestueuses entrées des temples d'Inde, d'Égypte, d'Assyrie, de Grèce et celui des portails des cathédrales. Le symbole de la porte est universel. Elle marque l'accès au sacré. Dans les sanctuaires d'Égypte, les portes se succèdent comme des passages progressifs vers l'endroit le plus sacré, le *naos*. Cette configuration se retrouve dans les temples grecs et romains qui abritent la statue du dieu dans une petite pièce retirée baignant dans la pénombre, la *cella*. Chez les juifs, dans le Temple de Jérusalem, un cheminement semblable menait jusqu'au cœur du lieu saint où se trouvait l'Arche d'Alliance. Je voyais concrètement que l'architecture du temple est symbolique de la démarche intérieure du croyant. Celui-ci avançait pas à pas, passage après passage, jusqu'au cœur du sanctuaire. La vie est faite de passages, sources d'évolution, menant à notre cœur, notre esprit.

La porte du manuscrit invitait à franchir le pas entre deux mondes. Était-ce ma propre peur du changement qui me retenait devant l'entrée du château ? Pourtant, devant les églises, j'ai toujours l'envie de pousser les portes. J'ai besoin de voir l'intérieur. Rien n'est plus émouvant que la découverte de la beauté des sanctuaires romans. Que ce soit une cathédrale ou une modeste chapelle de campagne, la porte est toujours large, elle incite au passage. Contempler celle-ci marque le début du changement d'univers. Le décor sculpté de l'entrée d'une église invite déjà à tourner ses regards, à changer sa vision. Les tympans des portails romans sont à ce point de vue les plus extraordinaires que je connaisse.

Le Christ dans sa mandorle de feu est entouré de l'aigle, du lion, du taureau et de l'homme ailé que l'on a associés aux personnes des quatre évangélistes. Cette étrange figure, le Tétramorphe, est une clef spirituelle que l'on doit intégrer en soi avant d'entrer dans le lieu. Le Christ dit lui-même, sous la plume de saint Jean : « Je suis la porte, si quelqu'un entre par moi, il sera sauvé. » Cette phrase est mystérieuse. Elle mérite d'être goûtée sans cesse avant de la faire sienne. Elle m'invite à m'approcher, à devenir porte à mon tour. C'est une affaire d'expérience que je vis plus intensément devant l'image du Tétramorphe. Les êtres qui entourent le Christ sont appelés les « veilleurs », sources d'énergie spirituelles symbolisées par les formes animales. Chacune d'elles cristallise une qualité que l'on doit faire croître en nous pour ouvrir la porte de notre cœur. Le lion nous rend puissant, le taureau fécond, l'aigle vigilant, l'homme ailé tourne nos regards vers le ciel.

Était-ce cela, le sens de la porte du manuscrit, accéder à cette part cachée de nous-mêmes, notre église intérieure ? Je ne pouvais en douter à cet instant. Le château était le symbole de notre âme. La porte n'était étroite que parce que notre esprit s'était rétréci. Nous ne savions plus le chemin de nous-mêmes, notre cœur sacré. Le lieu était cette part enfouie du voyageur, parcelle d'esprit qui demeure sous le voile tant que le travail de conscience n'est pas abouti. Pouvais-je entrer dans la forteresse ? Prendre le passage étroit et soutenir ce qu'il y avait derrière la porte ? Je regardais le pèlerin. Il était trop engagé dans l'ouverture, aidé par la main de son ange. Soit je le suivais, soit je fermais le livre ! Que ce soit un fil d'équilibriste sur lequel marcher ou une haute montagne à escalader, l'évolution spirituelle demandait effort. Autant que ce soit l'image d'une porte, me disais-je, aussi étroite soit-elle. Je tournai la page.

La nouvelle image ne m'étonna nullement. Je l'aimais depuis longtemps. Elle m'avait conduite au manuscrit. Elle montrait deux femmes affairées autour d'un lit qu'elles dressaient pour la nuit. Y avait-il eu un hasard à notre rencontre ? Je ne le crois pas. Je n'avais pas vécu d'apparition angélique dans ma vie comme mon pèlerin, mais je sentais que j'étais guidée, prise en compte. J'avais de la valeur comme chacun. Je devais être digne du don que je recevais, de ce que je vivais comme de ce que j'étais. Je contemplai ma simple et merveilleuse miniature. L'une des femmes tendait un drap blanc brodé, à l'aide d'un long bâton, l'autre soulevait une épaisse couverture violette. Nous étions entrés dans le château, le lieu de l'âme dont parle la sainte mystique Thérèse d'Avila. Que pouvait bien signifier ici cette représentation d'allure si quotidienne ? Elle devait relever d'une source plus profonde. Celle qui avait fait écho en moi, de façon inconsciente, lorsque mon choix s'était porté sur le manuscrit.

Je commençai modestement ma recherche par le sol. Pour la première fois, il était couvert d'une paille tressée qui ressemblait à des rayons de ruche d'abeilles. Nous étions à n'en pas douter dans un cocon organisé et voué au travail. Et pourtant, en lieu d'action, le voyageur se voyait offrir un lit pour se reposer. Guidé par son ange, la première clef spirituelle que le pèlerin devait connaître était l'endroit le plus intime, cette chambre à coucher. L'histoire prenait-elle fin dans un bon lit où le héros pourrait désormais se prélasser ? Je pensais au contraire, comme Jean me l'avait appris, que l'évolution devait continuer jusqu'à l'ultime souffle de vie. Et au lieu de travail on nous proposait de dormir ! Tout cela semblait hors de propos. Pourtant, je résolus d'aller dans le sens de ce qu'il m'était donné de voir, sans juger. Je devais me remettre, faire confiance au moine Guillaume. Je cherchai dans les coutumes tout ce qui concernait le lit.

Le drap tiré à l'aide d'un bâton rappelait une ancienne tradition pratiquée encore au début du XXe siècle dans les campagnes. Le drap brodé et l'épaisse couverture montraient un luxe peu ordinaire. Je respirais. Je sentais que le repos était mis en valeur, pas l'inertie. Le beau lit représentait l'apaisement en soi. Il ne s'agissait pas de dormir mais de se poser. Il est difficile pour nous de penser la nécessité d'arrêter. Dans notre société moderne comme dans la morale véhiculée pendant des siècles par les parangons de la vertu, il est péché de ne rien faire. Il faut cravacher sans relâche jusqu'à en perdre souffle, en méconnaissant le rythme humain. On nous a appris à ignorer sa fatigue, qui est pourtant un merveilleux indicateur pour gérer au mieux ses énergies en respect de sa propre mesure. Cette fuite en avant dans l'action est aussi néfaste que son contraire. Elle ignore la sagesse des premières pages de la Bible, lorsque Dieu contemple son œuvre avec satisfaction et déclare le Shabbat. Cette rupture dans le quotidien, ce retrait en soi-même, donne à voir de haut ce qui nous échappe dans le feu de l'action. « Faire Shabbat » est un acte fondateur de l'homme, salvateur de la trop grande emprise du quotidien.

La miniature des deux chambrières était une image hautement spirituelle et j'étais heureuse d'avoir répondu, grâce à elle, à l'intuition qui m'avait poussée jusqu'au manuscrit.

Le voyageur rencontrait deux femmes prêtes à le servir de la plus belle manière. Symboliquement, dans le lieu le plus intime de lui-même, il était accueilli. J'avais du mal à quitter cette image qui m'avait guidée dans l'aventure. Fort heureusement, dans l'observation des miniatures du Moyen Âge, il y a toujours à voir et l'on oublie souvent que chaque détail compte, tant on est habitué à regarder des choses sans signification et à parler sans avoir à dire.

La couverture violette retint mon attention. La couleur montrait un équilibre entre le rouge et le bleu. Elle symbolisait un juste rapport entre la puissance de vie du rouge, l'incarnation, et celle du bleu de l'Esprit. Je découvris qu'au Moyen Âge le violet était la couleur du passage, le moment de quitter ses attaches matérielles. Elle montrait le retour au spirituel. Peut-être est-ce pour cela que l'on avait attribué au violet un sens de deuil ! Le lit violet qui m'avait paru si anodin me sembla tout à coup celui d'un achèvement. Qu'allait-il arriver au pèlerin ?

Je ressentis soudain la crainte qui s'empare souvent de ceux qui sont sur le point de quitter une chose du passé. Ma lecture du texte gothique renforça un peu plus mon impression. L'une des femmes se présenta en révélant son nom, Pauvreté. Ce nom était apparemment en contradiction avec le lit somptueux qu'elle offrait au voyageur. Pauvreté incarnait l'essence du nom. Elle invitait à se méfier de nos propres propensions à accumuler, non seulement des richesses, mais tout ce qui nous encombre spirituellement, des objets, des pensées, des souvenirs, des émotions. Il fallait apprendre à quitter. Une parole de Thérèse de Lisieux reste pour moi une référence que j'utilise encore souvent dans ma vie. À la question de sa sœur Céline, fraîchement entrée au couvent, se plaignant de tout ce qu'elle aurait à acquérir pour devenir une bonne religieuse, Thérèse répond magnifiquement : « Ne dis pas "à acquérir" mais plutôt "à perdre". » Jean m'avait cité un jour un proverbe hindou empreint de la même sagesse : « On est possédé par ce que l'on possède » et il avait ajouté : « L'évolution, c'est le détachement. »

Pauvreté incarnait la notion de dépouillement et d'humilité. Dans la vie, il fallait apprendre à perdre progressivement ses fausses assurances, ses petites sécurités, celles qui enferment l'esprit sous une apparence protectrice. Nous sommes très doués pour construire en nous des prisons dorées. Nous fantasmons sur notre propre compte, croyant connaître ce qui nous convient vraiment, alors que nous mettons entre nous et la vie une vitre infranchissable.

Pauvreté était aussi un symbole d'acceptation de sa propre limite. Elle montrait un chemin d'évolution permettant un détachement de ses couches d'ego, mues successives vers son être véritable. La figure de la modeste chambrière représentait une grande force. D'ailleurs, sans me surprendre, elle portait le haubert symbolique, signe de cette qualité. Le pèlerin était prêt, il l'aima et l'adopta pour sienne.

Au moment de tourner la page, j'avais toujours la même crainte au fond de moi. Qu'allait-il arriver à présent ? Le voyageur m'appelait : « La vie est un risque que tu as pris dès ta venue au monde. Ne sens-tu pas l'amour autour de toi ? Regarde comme je veux bien tout laisser de moi-même pour rester dans le château. Tourne la page, tu es prête à voir ce que l'Esprit rayonne. » Je suivis le pèlerin.

33

L'image que je découvrais n'avait rien de la lumière évoquée par le voyageur. Trois hommes étaient attablés pour manger, servis par trois valets. Où étaient-ils donc, les feux de l'Esprit ? « Des fantômes ! Vous auriez dû m'appeler. » La conservatrice me donna sur l'épaule une de ces petites tapes affectueuses dont elle avait pris l'habitude et se pencha à nouveau sur le manuscrit. Les serviteurs présentaient aux trois hommes attablés de grands bols dans lesquels ils puisaient pour se rassasier. Ces derniers devaient être de grande noblesse pour être servis à genoux ! Je fis remarquer à la conservatrice que les histoires de fantôme montraient rarement de tels gestes de soumission. Jamais on n'avait entendu parler de revenants valets !

Pourtant, en poursuivant ma lecture de l'image, une chose me surprit. Les mains des serviteurs étaient grises. Je savais que le Moyen Âge ne représente pas la chair dans cette teinte, à moins de vouloir signifier la maladie ou la mort. Les visages des serviteurs avaient la blancheur et l'expression des clowns tristes. Leurs crânes étaient rasés et leurs yeux sans expression. Les vêtements blancs dont ils étaient vêtus, a priori de simples tuniques, possédaient une longue traîne inhabituelle. Tout était étrange en eux. « Vous avez peut-être raison, dis-je à Mme Pollet, mais avant de nous prononcer, nous devons envisager l'ensemble.

– Je vous suis », me dit-elle, le regard empli de curiosité.

Je quittai les « fantômes » et me concentrai sur le reste de la miniature. Devant les hommes attablés, une femme se tenait debout. Elle conversait de façon doctrinale. La figure n'avait rien de remarquable. La femme était vêtue simplement d'une robe bleue et d'une mentonnière qui couvrait ses cheveux. Mais en regardant mieux, je discernai un détail qui la rendait exceptionnelle. « Voilà, c'est ça ! dis-je, alors que la conservatrice me pressait de parler. Elle porte la gorgerette.

– C'est une erreur, comment une femme peut-elle porter une pièce d'armure ? »

Je détrompai ma conservatrice : « C'est un beau collier, n'est-ce pas ? La gorgerette est un symbole, une des armes que le voyageur a refusé de porter. Elle est signe de sobriété. Et elle indique la voie spirituelle, tout comme Pauvreté. »

Mme Pollet s'était assise, au mépris de l'heure qui sonnait, et moi aussi. Le manuscrit donnait trop de clefs pour fermer le livre si vite. Oubliant le temps, je partageai avec elle ce que la femme à la gorgerette m'inspirait. Je me souvenais d'une phrase de Jean. Un jour où je me plaignais de trop travailler, il m'avait regardée avec une certaine gravité : « Tu es gâtée, mon petit. Donner beaucoup, c'est ta mesure. Crois-tu que la fleur donne à moitié son parfum ? Regarde bien, avait-il ajouté avec sa précision habituelle. La nature donne, le sol produit, le soleil rayonne, seul l'homme prend. » J'étais partie, touchée au cœur, un peu piteuse de m'être laissée aller alors que j'étais là pour donner.

Nous étions des prédateurs ! J'expliquai à Mme Pollet que se gaver de matière, se gaver de mots, est un grand irrespect de soi-même. Une forme d'asservissement. Les sens sont des outils dont il faut se servir sans être leur esclave, au risque de se perdre. Nos désirs ayant tendance à nous submerger, l'on tombe souvent dans le piège de s'identifier à eux. Et si, au contraire, l'on utilisait le corps comme une antenne performante propre à capter les mouvements de la vie extérieure et intérieure ? Si l'on veillait à maîtriser notre instrument au lieu de le remplir comme un sac au gré des revendications d'un ego jamais satisfait ?

En observant les personnages, devant la dame à la gorgerette, je pouvais voir dans leurs traits des différences importantes. Les trois convives n'étaient pas de simples figures choisies au hasard du pinceau. Ils représentaient les trois âges de la vie. La jeunesse se distinguait de l'adulte par son visage rose, sans les ombres foncées que l'on donne habituellement aux représentations des hommes plus âgés. La vieillesse amenait la barbe et les cheveux gris. Dans l'image l'artiste avait ajouté un vêtement supplémentaire, une cape, pour marquer un peu plus la différence. Ces hommes représentaient les différentes étapes de la vie humaine.

Leurs serviteurs étaient des fantômes ou des squelettes mais avaient la particularité d'être éclatants de santé avec leurs visages ronds et leurs corps bien en chair ! Leurs longues robes aux plis sculptés étaient probablement celles de leurs linceuls. Que faisaient des morts au service des vivants ? Leur présence me rappela cette histoire extraordinaire du Moyen Âge, celle du *Dit des trois morts et des trois vifs*. Elle conte l'aventure de trois nobles à cheval rencontrant, sur le chemin de leur chasse, trois squelettes dans leurs tombes ouvertes. Cette vision effrayante leur enseigne une chose essentielle : « Tel que je suis, tu seras. » Le récit allégorique devait être d'importance pour figurer sur les fresques d'église bien qu'il soit dénué du caractère sacré habituellement requis. Ceux qui s'adonnent aux plaisirs mondains ne doivent pas oublier leur destin !

Cette conscience de la mort devrait être la nôtre, pour maintenir notre vigilance. Nous éviter de plonger dans l'abîme de ces envies qui nous entraînent dans l'ombre de nous-mêmes. L'effet d'électrochoc que provoquait cette histoire du XIVe siècle devait être considérable. Il s'était prolongé dans les danses macabres où des squelettes armés de flèches entraînent l'humanité, du roi au paysan, dans la même danse effrénée. Ce thème-là s'était développé après les grandes pestes. Il était destiné à réveiller les êtres pour qu'ils évitent de laisser couler leur vie, puisque la mort était inéluctable pour chacun. Mais les images étaient tellement sinistres qu'elles avaient fait naître dans l'esprit des personnes une grande peur de mourir.

Je voyais bien que *Le Pèlerinage de Vie Humaine* était un récit à part. De manière étonnante, la mort habitait paisiblement avec l'homme et prenait soin de lui. « Comme c'est charmant ! me dit Mme Pollet, soudainement attendrie par l'image des squelettes. Et comme j'aimerais ne plus avoir peur de mourir. » Je partageais ses vues. Une phrase revenait à ma mémoire, une pensée philosophique de Montaigne que je n'ai jamais oubliée : « Plus on remplit sa vie, moins on craint de la perdre. »

Devant l'image du manuscrit, je voyais l'illustration de ceux qui ont une vie pleine et riche de sens. J'avais envie de me tenir à leur table. Les hommes du château marchaient en compagnie de la mort et la considéraient non comme une fin, mais un passage. Ce lieu était sans doute le bon endroit pour apprivoiser la fin redoutée par la plupart d'entre nous. Mais pour cela, il fallait rejoindre notre château intérieur !

Le voyageur s'approcha des fantômes pour prendre part au repas. Symboliquement, il communiait avec ceux qui suivaient la voie spirituelle. Cela valait le coup de manger avec eux ! La conservatrice, ce soir-là, aurait bien continué à ignorer le temps. Mais la cloche de fermeture retentissait avec insistance, lui rappelant ses obligations et les miennes. Je fermai le manuscrit jusqu'au lendemain.

34

Lorsque je repris le fil de l'histoire, l'ange entraînait le voyageur vers une nouvelle rencontre, une troisième femme du château. Cette dernière tenait une longue corde dans sa main. Le pèlerin sourit à son approche, mais s'inquiéta de la longueur de ce lien. Le souvenir d'anciennes attaches, causes de ses chutes anciennes, le mettait mal à l'aise à la vue de l'objet. Mais Grâce de Dieu veillait et, l'emmenant vers la nouvelle venue, elle lui dit : « N'aie pas de crainte, pèlerin, l'entrave que tu vois dans ses mains n'est pas pesante pour celui qui suit la loi spirituelle. C'est la corde d'obéissance, elle sera ta boussole et ton guide. Mais un jour elle tombera d'elle-même de tes pieds, car tu n'auras plus besoin de son exigence. L'amour t'habitera, tu seras libre. »

Le voyageur s'avança près de la dame et lui présenta ses pieds, qu'elle enserra dans les liens. Il marcha désormais en tenant compte de son attache, non plus à sa guise mais avec effort. Tous les mouvements jadis désordonnés et accomplis sans conscience lui étaient impossibles. La corde se rappelait à son souvenir. À considérer sa nouvelle conduite, je voyais que le lien s'était mis aussi dans sa bouche, tant il restait avare de ses mots qu'il distribuait autrefois sans compter. À mesure des jours, il devenait patient, respectueux de lui-même, attentif à ceux qui vivaient à ses côtés. Les ombres de ses pensées devenaient plus fugaces. Lorsqu'elles se présentaient, il les acceptait comme des nuages passagers qui cachent pour un temps le soleil. Dans le château, la lumière ne manquait jamais, elle habitait le lieu et chacun s'en servait sans restreindre son attente car elle donnait à profusion. Le pèlerin s'en nourrit et grandit. Un jour, la corde tomba de ses pieds sans même qu'il remarque sa disparition. Il garda le même rythme, la même marche. La corde n'était pas réelle, elle symbolisait une maîtrise de lui-même, qu'il avait acquise. Seules ses pensées avaient changé et la présence ou non du lien n'y était pour rien.

La corde était ce fameux « contrôle de la pensée » dont Jean ne cessait de me parler. J'avais sûrement besoin de la porter tant j'étais souvent débordée par mes émotions. Ces expériences malheureuses me faisaient souffrir plus durement à mesure que mon esprit s'ouvrait à une autre réalité. Mais mon ami était toujours près de moi. Mes rechutes n'étaient jamais l'objet de ses reproches. Elles devaient me servir à regarder la vie autrement. « L'homme vient sur terre pour faire l'expérience de la matière, la comprendre, l'aimer et s'en détacher, me dit-il un jour que j'étais tombée une fois de plus.

– Je n'ai pas su me retenir. J'ai parlé sous l'impulsion et je me sens coupable à présent.

– Sers-toi de ta souffrance mais ne la développe pas. L'ombre est un repère. Sans elle, on ne pourrait pas connaître la clarté. Apprends à faire de ton expérience de la lumière, c'est la voie spirituelle. Fais de tes échecs une marche qui t'élève dans la connaissance de toi-même.

– Sous le feu de l'action, je ne me rends pas toujours compte, c'est après que je vois mon erreur.

– Il faut toute une vie pour que la matière n'asservisse plus l'esprit. Commence par t'aimer avec tes forces et tes faiblesses, sans exagérer.

– Mais comment, Jean ?

– Transforme le plomb en or, sais-tu que cette quête décrit celle de toute évolution. Purifier ta psyché, c'est créer de la lumière avec ta matière.

– Faire de l'or avec ce que je suis, mais je n'y arriverai jamais !

– Que sais-tu de l'avenir ? Il y a une phrase de la sagesse ancienne qui dit : "La patience est l'échelle des philosophes et l'humilité la porte de leur jardin." »

Je quittai Jean ce jour-là en lui faisant remarquer que je ne devais pas être encore très philosophe. Il me répondit en m'embrassant : « Ne te juge pas. La paix en soi, c'est l'amour de soi-même. »

Je me demandais si le voyageur, à ce moment du récit, était parvenu à cet état de paix dont me parlait Jean. À le regarder avec plus d'attention, je ne pouvais en douter tant il paraissait lumineux. Mais je le découvris véritablement lorsque la nouvelle image apparut devant mes yeux.

35

C'était le soir, le pèlerin rencontra deux femmes inconnues. La première, en robe bleue, semblait peser d'un poids considérable. Ses pieds s'enfonçaient dans le sol et elle soulevait à chaque pas une grande quantité de terre. Elle portait sur l'épaule une paire de béquilles qu'elle présentait au voyageur. Sa compagne, vêtue de rouge, avait une partie du visage cachée sous un ballot de tissu qu'elle tenait à bout de bras. Le pèlerin les interrogea et demanda leurs noms. La première portait le poids des ans, elle se nommait Vieillesse et marchait de concert avec sa jeune parente, Maladie. Cette dernière avait pris soin d'apporter le lit qu'elle attribuait au voyageur. Vieillesse l'engagea à s'y coucher. Il accepta sans protester.

À ce moment de l'histoire, jamais mon pèlerin ne m'avait paru aussi émouvant. Je le découvris, à l'image qui suivit, couché dans le lit de Maladie, son bourdon près de lui. Le sol était de nouveau couvert de paille en forme de rayons de cire d'abeille. Le travail à accomplir, que le signe de la ruche impliquait, était sans doute le plus difficile de sa vie ! La couleur de sa couche confirmait l'importance du moment par la présence du violet qui recouvrait la couverture et le coussin. Le pèlerin devait quitter la plus grande de nos attaches, celle du corps terrestre. Vieillesse pesait désormais sur son cœur et sa compagne Maladie n'était pas en reste, mais il leur souriait. Malgré la fin inéluctable réservée au pèlerin, je sentais que tout dans l'histoire n'était pas écrit.

À l'image qui suivit, de façon étonnante, la robe de Maladie avait changé. De rouge, signe du feu qui ronge le corps, elle était devenue d'un vert lumineux et printanier signalant l'espérance. Que voulait dire le moine Guillaume ? Que faisait ce vert, symbole de renaissance, avec Maladie ? La souffrance des malades était-elle salutaire ? J'avais peur d'être à nouveau confrontée à cette vieille morale qui considère les affres de la douleur comme le summum de la vie humaine. Le Christ ayant connu mille morts, il fallait se réjouir de nos terribles peines, en oubliant qu'il n'a pas souhaité la souffrance mais qu'il a voulu donner sa vie. Cette tradition d'expiation et de réhabilitation par la douleur en a fait fuir plus d'un de la religion chrétienne. Mais le manuscrit m'avait toujours fait voler sur les ailes de Jeunesse. Ce n'était pas à ce moment de l'histoire que le moine allait servir le vin dans de vieilles outres.

Il est vrai que, la maladie faisant partie de la vie, il nous fallait l'accepter pour suivre le chemin de l'évolution jusqu'au bout. J'ai toujours constaté que le mal corporel qui nous cloue au lit un moment accomplit une purge physique et mentale. On se relève étrangement allégé, faible mais serein, comme si le corps avait expulsé un trop-plein de pensées ou d'humeurs et régulé notre nature par ce moyen.

Mais le pèlerin n'était pas près de sortir de son état. Il était vieux, la mort s'approchait. Il devait se préparer à sa fin. « Apprête-toi », lui disaient tour à tour les deux femmes avec leurs doux sourires. J'avais envie de les chasser, faire disparaître leur image. La tristesse donne à penser des folies. Je voyais que la fin du pèlerin sonnerait l'heure de notre séparation. Qu'allais-je faire sans sa compagnie ? Je vivais avec lui désormais. Le voyageur était devenu un reflet de moi-même. Je ne voulais pas voir mourir une part de ce que j'étais devenue ! Je me résignai pourtant à tourner la page.

36

Je cherchais mon pèlerin. Les lignes gothiques se succédaient sans échappée enluminée. Est-ce la fin des images ? me disais-je, en ne voyant plus la moindre trace de couleur. Encore un mort que je ne verrai pas. Depuis mon enfance il en est ainsi.

J'ai côtoyé la maladie, vu des corps affaiblis, rongés, déformés par le mal, mais le dernier moment de la vie m'est encore étranger. Ma mère, voulant sans doute me protéger, m'a toujours épargné la vision d'un moribond. Et pourtant, on a tant à apprendre de l'extrême vieillesse et de l'agonie. Mais les adultes hésitent toujours à rapprocher l'enfant de l'adulte en souffrance. Ma grand-mère Marguerite, que j'ai visitée pendant toute sa longue déchéance corporelle, est partie sans crier gare. Du jour au lendemain, je n'ai plus vu qu'une boîte en bois sombre fermée en place de son visage creusé d'ombres. Cette substitution du corps de chair en objet de bois n'est pas la meilleure façon de connaître et de ne pas s'effrayer du passage de la mort. Une autre femme, âgée de quatre-vingt-seize ans, m'a pourtant montré par sa présence comment le corps nous lâche progressivement en devenant la prison de l'être. Le lien affectif qui m'unissait à elle parvenait de façon étonnante à contrevenir aux ravages des ans. Ainsi, dès que ma vieille nourrice Honorine me voyait, elle enlevait son sonotone sans être incommodée par l'absence d'appareil. Ma voix, je ne sais comment, lui parvenait à l'oreille plus sûrement qu'avec le mécanisme le plus performant. Je l'ai connue jusqu'à la fin, expérimentant quelque chose d'essentiel que l'on ne peut saisir sans le voir. Sa maison de retraite de la Creuse, où je la rejoignais dès que je pouvais m'échapper de Paris, était imprégnée de cette odeur de décomposition que l'on sent parfois chez certains vieillards. La percevait-elle pour être constamment assise dans le petit jardin qui lui servait d'abri ? D'un caractère heureux, elle me faisait remarquer en riant, bien que la majorité des pensionnaires soient plus jeunes, que la compagnie des vieux était assommante et qu'elle préférait celle des oiseaux et des vaches du champ voisin.

Pendant toutes ces années, placée dans l'antichambre de la mort, alors que je voyais son physique de plus en plus éprouvé, elle m'étonnait. Ma « vieille feuille » tremblait de tous côtés, son visage avait l'aspect de mon manuscrit lorsque les pages sont parcourues de vagues, et jamais je n'avais vu chez elle une telle intensité de vie. Le corps se débinait, l'amour se renforçait. J'ai tant partagé avec elle que je ne peux raconter les signes spirituels qu'elle me donna jusque dans son cercueil où une fleur tomba sur mes genoux alors que l'on posait son corps près de moi. Honorine m'a toujours offert des fleurs jusque dans son tombeau et, qui sait aujourd'hui, je la crois bien capable, là où elle est, de m'envoyer des roses célestes !

Mais à ce moment, devant la double page noire du manuscrit et son absence d'image, j'en venais à penser que l'on avait une nouvelle fois ôté le corps de ma vue. Je renonçai à lire le texte tant j'étais impatiente de voir encore, rien qu'une fois, mon ami de papier. Moine Guillaume, dis-je en moi-même, ne me laisse pas sur cette fin sinistre. Donne-moi à voir ce que le vert de Maladie régénère en nous. Ma prière, je le crois, fut exaucée.

Sur la page suivante, le voyageur réapparut à ma plus grande joie. Il était toujours cloué au lit et la grande lassitude de son regard trahissait sa détresse. Son bourdon était toujours placé en travers de son corps en protection et ses mains reposaient comme celles des gisants. Maladie et Vieillesse avaient disparu de l'image pour laisser l'espace à une nouvelle venue. Était-ce la mort ? En contemplant la figure, je ne pouvais y croire. Cette femme avait la beauté de l'ange et elle portait une couronne d'or sans autre ornement que son maintien de reine. Déhanchée, la taille fine, les bras longs, la belle dame présentait son sein au mourant. Cette image me faisait penser aux déesses des fresques égyptiennes qui allaitent les pharaons pour leur transmettre l'immortalité. Le moine Guillaume connaissait-il les tombes de l'ancienne Égypte ? L'abbaye de Chaalis était loin des pyramides. Mais le lait en revanche était un signe universel.

Je découvris que, dans toutes les grandes civilisations, il est associé à l'idée de vie. Chez les Égyptiens, le tombeau du dieu Osiris en était aspergé chaque matin pour l'aider à ressusciter. Les Grecs et les chrétiens en avaient fait un signe de connaissance ouvrant les portes de l'éternité. Il était étonnant de voir comment l'image du manuscrit s'inscrivait dans le même symbolisme. Un autre indice insistait un peu plus sur l'idée de survie. La couleur du lit sur lequel le voyageur reposait n'était plus mauve, symbole de deuil, mais jaune d'or. Cette teinte était le reflet de la lumière de la connaissance. La dame, en offrant son sein, venait apporter au pèlerin la conscience de son esprit immortel. Dans sa main, elle tenait une cordelette. Quel nouvel effort demandait ce lien ? En offrant son lait, elle nourrissait sa conscience. Le don allait dans le sens d'une libération, pas d'une nouvelle entrave. Je repensai à tout l'enseignement déroulé au fil des pages. La cordelette s'éclaira. Elle avait servi à ceux qui désiraient monter les murs de la belle cité. Symbole d'ascension, la dame couronnée offrait au voyageur le moyen de s'élever. Mais il ne s'agissait plus de faire des efforts. Le ciel s'ouvrait à lui. J'étais presque heureuse de le voir partir dans cette conscience de ce qui nous attend.

Pourtant, à cet instant de connaître l'autre vie, le voyageur avait peur. Il ne voyait pas son lit d'or, il ne sentait pas la beauté de la dame couronnée. Il redoutait de quitter son corps.

Comment vivrai-je ce moment ? Je souhaite que ce jour-là ma conscience garde ouverte la porte de l'infini. Regarde, cher pèlerin, comme tu es accompagné dans ta finitude, pensai-je en le contemplant. Alors je sentis que le voyageur tournait ses regards vers la dame. Je repris le texte où je l'avais laissé.

« Bois, lui disait doucement la femme en approchant son sein de ses lèvres. Je suis Miséricorde, mon lait adoucit la peine de ceux qui partent. » Le pèlerin but et sentit sur lui une immense compassion. « Apprête-toi, voyageur, celle qui vient te délier de ton corps approche. » Miséricorde avait disparu, mais le mourant gardait à la bouche le goût lacté. Cette sensation le soutenait dans la conscience de la vie sans fin alors que son corps expirait.

La nouvelle page me mit en présence de la mort. Celle-ci portait sur l'épaule un cercueil étroit, de taille si modeste qu'aucun homme n'aurait pu y entrer ! L'objet semblait sans poids et la mort le tenait comme un simple bout de bois sans importance. Symboliquement, il était aussi petit que son intérêt. Destiné à contenir le corps, l'aspect périssable de l'être, il ne valait pas la peine que l'on s'y attache. Les immenses tombeaux que les hommes ont construits à travers le monde ou l'ornement sophistiqué de leurs cercueils me donnent à penser combien l'humain est attaché à la poussière, alors que l'esprit du défunt est vivant dans l'ailleurs.

Mort souriait, elle s'avançait près du pèlerin. Le lit était devenu rose, la couleur du château. Symboliquement le blanc se mêlait au rouge. La psyché blanchie, purifiée, brûlait du feu ardent, rouge de la vie spirituelle. Le voyageur pouvait recevoir la mort, la conscience ouverte sur ce qui l'attendait. « Détache-moi, souffla-t-il à dame Mort alors qu'elle lui présentait une grande faux argentée. – Veux-tu ? » répondit-elle, cherchant dans son regard une totale adhésion. Les yeux du voyageur étaient concentrés sur la dame. Son corps gisait, inerte, mais tout son esprit était en éveil. À mesure qu'elle approchait de lui, Mort devenait plus belle. Il contemplait maintenant les traits si doux de son visage. Et, voyant son sourire radieux, il espérait que la dame se penche un peu plus vers lui. Il la voulait toute proche, il la désirait. Alors, dans un sourire, Mort laissa courir sa faux et sépara son âme de son corps.

« Loué sois-tu, mon Seigneur, pour notre sœur la Mort corporelle, à qui nul homme ne peut échapper. » Je priais pour mon pèlerin. Le poème de François d'Assise, le *Cantique de frère Soleil*, résonna en moi dans toute sa profondeur.

J'espère un jour aimer la mort ainsi, l'accueillir pour qu'elle me délivre. Honorine, Jean, le pèlerin m'aident chaque jour à ne plus avoir peur de la fin terrestre. Grâce à eux, j'apprivoise ma peur au fil des années. La perte d'un être proche est toujours une peine mais ne produit en moi nulle angoisse, ni anéantissement de mon être comme ce fut le cas dans le passé. Lorsque Honorine est partie, j'ai éprouvé un sentiment de lucidité comme jamais. Les larmes que j'ai versées étaient un hommage à sa vieille enveloppe que j'aimais étreindre. C'est ce passage qui donne la peine. On peut vivre le deuil autrement. Je l'ai vécu en ressentant profondément en moi la vie de ma nourrice qui continue au-delà. J'ai prié pour que son corps subtil aille dans la lumière et ne reste pas attaché à cette terre qui n'est plus sa vie. Nos larmes retiennent les âmes. Cette conscience de l'autre devrait nous habiter même après sa mort. Mon lien avec Honorine ne s'est jamais interrompu. Il s'est transformé.

Aucun humain vivant sur cette terre ne peut dire ce que la vie devient lorsqu'on la quitte. L'important n'est pas là, mais dans le chemin accompli ici. Il faut tourner la coupe vers le haut et non vers le bas pour la remplir. L'amour fait déborder la coupe. On peut alors donner tant il est vrai que l'on ne peut offrir que ce que l'on est et non ce que l'on a.

Mon pèlerin avait rendu le dernier souffle. Où est-il à présent ? Dans quel vieux grimoire se cache-t-il ? Le moine Guillaume a la réponse, car le chemin de l'âme est un autre voyage. Les derniers mots du livre finissent par un réveil. Les cloches des matines sonnent dans le monastère, l'aube dissipe la nuit, le moine revient du rêve. Toute l'histoire n'est qu'un songe, le songe de la vie. La dernière page était tournée.

Épilogue

Le manuscrit a-t-il une fin, ai-je vraiment refermé le livre ? Je ne le crois pas, tant ma vie en reste imprégnée bien des années après. Mon récit a pour but de partager une expérience. Elle a ouvert en moi le chemin du pèlerinage intérieur. Sur cette voie, j'ai découvert une connaissance symbolique comprise et enseignée depuis des millénaires. Elle fait écho à ce que nous sommes par essence, cette part oubliée, parasitée par les encombrements de nos pensées. Notre cœur profond.

Le livre enluminé m'attendait. Sa richesse s'est offerte, j'y ai puisé abondamment. Il m'a conduite sur une voie d'évolution qui passe par une décantation de soi-même. Le manuscrit est un support de transformation :

« Lecteur, fais attention,
toi qui lis ce livre.
À la fin de l'ouvrage,
tu ne seras plus le même. »

J'ai appris, grâce à lui, que dans nos petites et nos grandes souffrances, nous ne sommes pas seuls. Quand nous sommes prêts, il y a des aides qui viennent à nous. Mon guide a été un très ancien parchemin. Et l'amitié d'un vieil homme merveilleux de sagesse m'a fait devenir autre. Cette histoire-là n'a pas de fin. Je referme le livre.

DU MÊME AUTEUR

Célébration de la rencontre,
avec Frédérique Hébrard, Albin Michel, 2002.

La Vie de Jésus selon le moine
Guillaume de Digulleville,
Le Pommier, 1999.

Le Pèlerinage de Vie Humaine :
le songe très chrétien de l'abbé
Guillaume de Digulleville,
Flammarion, 1998.

Composition Nord Compo
Impression Bussière, août 2008
Éditions Albin Michel
22, rue Huyghens, 75014 Paris
www.albin-michel.fr
ISBN : 978-2-226-18296-8
N° d'édition : 25713 – N° d'impression : 082185/1
Dépôt légal : septembre 2008
Imprimé en France